reinhardt

AF766667

Eva Fuchs

Naturerleben für Kleinkinder

Psychomotorische Spielideen für Wald und Wiese

Mit 87 Abbildungen

Ernst Reinhardt Verlag München

Eva Fuchs, Kindheitspädagogin, arbeitet am von ihr mitgegründeten naturpädagogischen Bildungszentrum Naturkind e. V. in Rahden und bietet unter anderem Fortbildungen im Bereich „Psychomotorik draußen" für ErzieherInnen an.

Bibliografische Information der Deutschen Nationalbibliothek

Die Deutsche Nationalbibliothek verzeichnet diese Publikation in der Deutschen Nationalbibliografie; detaillierte bibliografische Daten sind im Internet über <http://dnb.d-nb.de> abrufbar.
ISBN 978-3-497-03029-3 (Print)
ISBN 978-3-497-61494-3 (PDF-E-Book)
ISBN 978-3-497-61495-0 (EPUB)

Printed in EU
Cover unter Verwendung eines Fotos von iStock.com/khorzhevska
(Agenturfoto. Mit Models gestellt)
Satz: Sabine Ufer, Leipzig

Ernst Reinhardt Verlag, Kemnatenstr. 46, D-80639 München
Net: www.reinhardt-verlag.de E-Mail: info@reinhardt-verlag.de

Inhalt

Vorwort

Gibt es viele wichtigere Dinge im Leben als spielerisch glückliche Zeiten in der Natur zu verbringen und ein Gefühl der Zugehörigkeit zu erleben? Als Kindheitspädagogin habe ich mich lange mit dieser Frage beschäftigt. Die Antwort lautet: Nein!

Es gibt nichts Prägenderes und Schöneres, als Tage im Wald, auf der Wiese und am Wasser zu verbringen. Es ist mein Wunsch, dass jeder Mensch von Beginn seines Lebens an einen Zugang zur Natur hat, sie lieben lernt, bestaunt und achtet. Denn Natur bietet viel mehr, als sie nur mal zwischendurch zu genießen oder den Urlaub darin zu verbringen.

Kinder sollten in der Natur aufwachsen, sie mit all ihren Sinnen erleben und (be-)greifen, den Zauber der Jahreszeiten entdecken, sie lieben und schützen und eine tiefe Verbundenheit spüren. Wir Erwachsenen müssen uns immer wieder bewusst machen, dass Kinder die Natur als Entwicklungsraum benötigen.

Abb. 1: Kinder auf dem Sandhügel

Auf den ersten Blick wirkt es vielleicht ungefährlicher, die ersten Schritte auf weichem Teppichboden zu machen und ausschließlich an einer Sprossenwand mit dicker Weichbodenmatte zu klettern. Doch was lässt den Menschen tatsächlich „wachsen"? Freiheit, Verbundenheit, Unmittelbarkeit und Selbstwirksamkeit (Ich habe es geschafft!) sind Eigenschaften, die nirgendwo anders einfacher, authentischer und besser erlernt werden können als in der Natur.

Kinder benötigen diese Erfahrungen, um ein stabiles Fundament für ihr Leben zu schaffen. Wenn wir Zeit in der Natur mit Kindern planen, sind für die allerersten Naturerfahrungen erstmal keine weiteren Vorbereitungen erforderlich. Alle natürlichen Dinge im Freien, unebener Waldboden, abgebrochene Baumstämme, verschiedene Gerüche, Kellerasseln und Ameisen, weiches Moos und Vogelstimmen, all das sind spannende Erfahrungen für die Kleinsten.

Sind diese erst einmal gefestigt, lassen sich vielfältige Spielideen in der Natur integrieren. Viele Spiele sind schon für Zweijährige möglich, einige aber erst für Kinder ab drei oder vier Jahren. Ich möchte die Leser motivieren, verschiedene Spiele auszuprobieren und dabei nicht starr an den Spielregeln festzuhalten, sondern dem eigenen Bauchgefühl und den Interessen und Fähigkeiten der Kinder folgend die Spiele individuell abzuwandeln.

Kleinkinder müssen lernen, Spiele zu spielen. Sie benötigen Wiederholungen, um zu verinnerlichen. Da die Konzentrationsspanne noch sehr gering ist, bieten sich kurz dauernde Spiele an, die in verschiedenen Projektideen verankert sind.

Sicherlich wird es gelegentlich vorkommen, dass ein geplantes Spiel gar nicht oder anders stattfindet. Dieses sollte nicht als Misserfolg gesehen werden, sondern als Chance, das aktuelle Interesse der Kleinen zu erkennen und aufzugreifen. Wir haben nichts weiter zu tun, als mit Begeisterung und Anerkennung den Bedürfnissen des Kindes zu folgen.

Wenn die Kleinen nach ihren eigenen Interessen und Möglichkeiten handeln und leben dürfen, erfahren sie eine Eigenmotivation, die als Motor für ein erfülltes und glückliches Leben dient. Die Natur bietet einen Freiraum, in dem jeder motiviert und kreativ das jeweilige Interesse ausleben kann. Auch gelegentliches Scheitern gehört zu dem Lernprozess dazu und sollte als Teil des Lebens akzeptiert werden. Wie sonst können Kinder ihre eigenen Grenzen erkennen?

Einen herzlichen Dank möchte ich meiner wundervollen Familie aussprechen, die mir die gesamte Zeit den Freiraum zum Schreiben ermöglicht hat. Lasse und Kimi, durch euch konnte ich beobachten, wie wertvoll die Zeit draußen für die gesamte Entwicklung ist. Ein weiteres Dankeschön möchte ich allen aussprechen, die mir in irgendeiner Form beim Erstellen des Buches geholfen haben! Vielen lieben Dank an die Hauptdarsteller – die kleinen Natur- und Dorfkinder –, die alle Spiele mit mir gespielt haben und mir dabei ihre Interessen und Bedürfnisse aufgezeigt haben. Danke an deren Eltern, dass ich die Fotos der Kleinen verwenden durfte.

Um eine Störung des Leseflusses durch verschiedene Genderformulierungen zu vermeiden, wird nur eine Form gewählt, die alle Geschlechter einschließt.

Ich hoffe sehr, dass durch dieses Buch viele Menschen motiviert sind, mehr Zeit mit Kindern in der Natur zu verbringen, um häufiger die Schönheit der Jahreszeiten mit allen Sinnen genießen zu können.

Viel Spaß im Zauber der Natur!

1 Bewegung in der Natur als Raum und Motor für gesunde kindliche Entwicklung

Bewegung ist der Motor des Kindes, sie ist von Geburt an das Natürlichste und Elementarste. Unumstritten ist die Erkenntnis, dass Bewegung, also körperliche Aktivität, eine zentrale Rolle – besonders für Kinder – spielt! Die körperliche, geistige und psychosoziale Entwicklung hängt wesentlich von der körperlichen Aktivität ab.

Abb. 2: Kinder balancieren

1.1 Naturerleben als Raum für gesunde Entwicklung

Nur ein glückliches Kind ist ein gesundes Kind. Sprechen wir über Gesundheit, so beziehen wir uns nicht nur auf Schnupfen und aufgeschlagene Knie. Gesundheit ist mehr, sie kann nur vorhanden sein, wenn wir einen Zustand des vollständigen körperlichen, seelischen, geistigen und sozialen Wohlbefindens erreichen. Somit sind unabhängig von körperlichen Aspekten (z. B. ein gebrochener Finger), Bewegung, Ernährung und sozialer Zusammenhalt nur einige von vielen weiteren Aspekten. Die Komplexität unseres Gehirns mit der Vielzahl an Vernetzungen kann nicht auf der Überholspur reifen. Unser Hirn lässt sich nicht mit einem Trichter füllen, es benötigt Erfahrungen, um sich entwickeln zu können. Dieser Prozess benötigt Zeit.

Entschleunigung heißt die wichtigste Erfindung der Evolution. Während unsere Vorfahren sich recht rasant entwickelt haben, dafür aber die vollständige Reife früh erreicht haben, so entwickeln wir uns heute deutlich langsamer, aber effektiver. Wir benötigen Zeit, da wir heute viel mehr lernen können. Langsam und schrittweise entwickeln wir uns weiter und erlernen, worauf es in unserem Leben und im Zusammenleben mit anderen ankommt (Renz-Polster / Hüther 2013, 91). Das afrikanische Sprichwort „Das Gras wächst nicht schneller, wenn man daran zieht“ beschreibt genau die Notwendigkeit von Raum und Zeit. Der lebendige Entwicklungsprozess eines jeden Menschen entfaltet sich mit der eigenen Geschwindigkeit und lässt sich nicht durch äußere Maßnahmen beschleunigen. Es ist wichtig, den Raum dazu zur Verfügung zu stellen und mit Geduld und Begeisterung die Entwicklung der Fähigkeiten und Fertigkeiten zu beobachten und zu unterstützen.

Abb. 3: Pfützenspiel hinterlässt Spuren

Kinder lernen durch ihre Erfahrungen. Die motorische Entwicklung kann nicht durch die Betrachtung eines Buches erfolgen, sondern ausschließlich durch das eigene Tun. Der allgemeine Gesundheitszustand von Kindern wird besser, wenn sie sich viel in der Natur aufhalten. Kinder kommen nicht mit einem fertigen Immunsystem auf die Welt. Ein Säugling muss sich alles Kommende erarbeiten, ebenso verhält sich auch unser Immunsystem. Der Kontakt im Kleinkindalter mit Tieren, Pflanzen, Würmern und Keimen aller Art stärkt die Abwehrzellen und befähigt sie, Gefährliches von Ungefährlichem zu unterscheiden. Dadurch treten im Laufe des Lebens deutlich weniger Allergien auf. (Fleischhauer 2015, www.focus.de/familie/kindergesundheit/dreck-schuetzt-kinder-vor-asthma-internationale-studie-bestaetigt_id_2356925.html. 11.1.2021)

1.1.1 Besonderheiten der tiergestützten Arbeit

Menschen sind fasziniert von Tieren, sie haben einen hohen Aufforderungscharakter und berühren uns auf eine ganz besondere Art und Weise. Außerdem nehmen sie uns so an wie wir sind, ohne Wertung und Vorurteile.

Es gibt verschiedene Möglichkeiten, tiergestützte Interventionen anzubieten. Wichtig ist, die Gruppen klein zu halten, um auf jedes Kind individuell eingehen zu können. Es eignen sich viele Tierarten für die tiergestützte Arbeit, besonders beliebt sind Esel, Ponys, Ziegen, Meerschweinchen, Hunde, Alpakas und Katzen. Das Wohl der Tiere sollte dabei – genauso wie das Wohl der Menschen – höchste Priorität haben. Jedes Tier sollte nur im Rahmen seiner Möglichkeiten agieren und nicht zum „Arbeitsgerät" werden. Außerdem muss ein Umfeld geschaffen werden, in dem sich alle wohlfühlen können und Sicherheit und Vertrauen empfinden.

Abb. 4: Kind auf Esel

Tiere fördern die Empathiefähigkeit von Kindern, da sie immer unvermittelt und direkt reagieren, außerdem können sich Kinder durch den Kontakt mit Felltieren nachweislich entspannen. Somit lässt sich sagen, dass der Kontakt zum Tier eine wahrnehmungs- und sinnesorientierte Förderung mit sich bringt (Olbrich/Otterstedt 2003). Um die Tiere in ihrer ganzen Vielfalt zu erfassen, ist es wichtig, ausreichend Zeit zum Aufbau von Vertrauen zu geben. Bei einigen zurückhaltenden Kindern bedeutet das, über einen längeren Zeitraum die Tiere erst einmal nur zu beobachten. Diese Zeit ist wichtig, besonders für diejenigen, die zuhause keinen Kontakt zu Tieren haben. Es ist spannend zu sehen, zu welchem Tier eine Affinität entsteht: Sind es eher die kleinen und ruhigen Lebewesen oder die beeindruckenden großen?

Einige Kinder, die eher unruhig und ungestüm in ihrem Auftreten sind, bekommen durch den Kontakt zu dem Tier ihr Verhalten unmittelbar gespiegelt. Tiere reagieren spontan, indem sie zurückweichen, mit Flucht reagieren oder ihr Unwohlsein signalisieren.

Abb. 5: Kinder putzen Esel

Neben dem Aspekt, dass Tiere Nähe und Zugehörigkeit vermitteln, motivieren sie Kinder außerdem zur körperlichen Aktivität. Die meisten Kinder lassen sich viel lieber zu einem Spaziergang mit einem Pony als Handpferd oder dem Hund an der Leine motivieren. Generell verbringen Kinder im Kontakt mit Haustieren viel Zeit draußen. Schließlich müssen alle Tiere (unabhängig vom Wetter) versorgt werden, das bedeutet neben dem täglichen Füttern auch die Kontrolle und ggf. Reinigung der Ställe und die Verantwortung für einen regelmäßigen Auslauf von allen Tieren. Somit werden neben der körperlichen Aktivität auch Verantwortung, Sozialverhalten, Empathie und Rücksichtnahme erlernt.

Abb. 6: Kind mit Ziege

Selbstverständlich hat nicht jede Institution die Möglichkeit, Tiere zu halten oder regelmäßig an einen Ort zu gelangen, an dem Tiergestützte Pädagogik angeboten wird. In vielen Familien ist es aufgrund von Berufstätigkeit oder der Umgebung unmöglich, Haustiere zu halten. In KiTas gibt es auch nur in den allerwenigsten Fällen ein Tier. Es sind unter anderem rechtliche Auflagen und Vorgaben des Trägers, die es unmöglich machen. Zudem findet sich selten jemand, der die Tiere regelmäßig an den Wochenenden versorgen möchte. Dennoch gibt es auch in diesem Fall die Möglichkeit, Tiere direkt zu bewundern und zu erleben.

Unabhängig von Haustieren gibt es in der Natur viele Tiere, die beobachtet, bestaunt und wahrgenommen werden können. Dazu empfehlen sich Projekte, die sich speziell z. B. mit „Krabbeltieren" aus dem Wald beschäftigen oder mit Singvögeln oder mit Lebewesen aus dem Boden. Abgerundet durch ein auf das Tier bezogenes Fingerspiel, Lied, Experiment und mit etwas Gebasteltem steht einem gelungenen Forschungsprojekt nichts im Wege. Mit einem solchen Naturprojekt sollen die Kind zunächst einmal mit ihrer natürlichen Neugier abgeholt werden und nach und nach zu größerer Aufmerksamkeit und tieferen Erkenntnissen in Bezug auf die Zusammenhänge von Natur und Mensch geleitet werden.

Projektbeispiel zum Thema „Raupe und Schmetterling"

Hier steht am Anfang die direkte Begegnung mit Schmetterlingen und / oder Raupen, das Aufmerksamwerden auf den Projektinhalt: Zunächst wird das Interesse des Kindes aufgenommen oder geweckt, gemeinsam bestaunen Erwachsene und Kinder in aller Behutsamkeit Raupen und Schmetterlinge. Später kann mit Hilfe unterschiedlicher Materialien ein tiefergehendes Verständnis angebahnt werden. Im Kleinkindalter können die Kinder anhand von Bilderbüchern und Spielliedern anfanghaft mit der Metamorphose vom Ei zum Schmetterling bekannt gemacht werden.

Lied „Raupe Ursula"

Refrain: Ich bin die Raupe Ursula, und knabber hier, und knabber da,
ich bin die Raupe Ursula, und knabber hier, und knabber da,
ich fresse viel von dem Salat, und ich bin immer noch nicht satt,
komm her und häng dich hintendran, damit ich weiter wachsen kann …
(Fietz / Krenzer 1999)

Die Bewegungen zu diesem bei den Kindern sehr beliebten Mitmachlied ergeben sich aus dem Text der einzelnen Strophen, die Kinder bilden nach und nach eine lange Raupe und führen verschiedenste Bewegungen aus. Im Internet finden sich dazu weitere verschiedene Musikdateien.

Bastelangebot: Ein Schmetterling lässt sich ganz einfach basteln, indem eine Filtertüte an der Seite geöffnet und mit Wasserfarbe bemalt wird. In die Mitte kann ein Pfeifenputzer geklemmt werden und fertig ist ein wunderschöner Schmetterling.

Bilderbuch: Es gibt verschiedene Bilder- und Sachbücher, welche die Verwandlung von der Raupe zum Schmetterling mit Bildern anschaulich aufzeigen, z.B. „Die kleine Raupe Nimmersatt" von Erik Carle (1985) und „Kleine Wunder der Natur: Vom Ei zum Schmetterling" von Sybille Brauer (2019).

Abb. 7: Schmetterling basteln

Beobachtung: Eine andere Möglichkeit ist, ein Schmetterling-Zuchtset zu kaufen und mit den Kindern die Verwandlung hautnah und ganz genau zu beobachten. Dieses Projekt kann von März bis Oktober durchgeführt werden

Abb. 8: Kinder beobachten Schmetterling

und dauert (je nach Temperatur) ca. 3 – 5 Wochen. Die Kinder können jeden Tag die spannende Entwicklung beobachten, bis zu dem Tag, an dem sich die Raupen in wunderschöne Schmetterlinge (Distelfalter) verwandeln. In einer feierlichen Runde können diese dann im Garten in die Freiheit entlassen werden.

1.2 Bewegung als Motor einer gesunden Entwicklung

Kinder, insbesondere Kleinkinder, müssen nicht zum Toben motiviert werden, sie besitzen einen natürlichen Spiel- und Bewegungsdrang. Allerdings können sie diesen nur ausleben, wenn das Umfeld ihnen die Möglichkeiten und den Rahmen dazu anbietet. Wo kann es bessere und einfachere Möglichkeiten zum natürlichen Ausleben der Bewegungsbedürfnisse geben als in der Natur?

Abb. 9: Kind im Wald

In der heutigen Gesellschaft gibt es leider viele Gründe, die Natur nicht mit all ihren Facetten zu nutzen. Zum einen sind es örtliche Gegebenheiten, z. B. Kinder, die in Großstädten aufwachsen und den Weg in die Natur nur mit Eltern bewältigen können. Dazu kommen seitens der Erziehungsberechtigten Angst, Unsicherheit und Zeitmangel. Auch Kinder in ländlichen Regionen verbringen viel weniger Zeit in der Natur als früher, da es mit den heutigen Möglichkeiten (Fernseher / PC / Spielekonsolen) einfach ist, den Nachmittag auch im Haus zu verbringen. Diese Zeit fehlt den Kindern, um sich motorisch zu entwickeln.

Früher war es normal, über einen Graben zu springen, auf einem Bein zu hüpfen und Purzelbäume machen zu können. Heutzutage stellen Fachleute fest, dass motorische Defizite immer häufiger auftreten. Das Resultat von Bewegungsmangel ist erneuter Bewe-

gungsmangel, da der Spaß an körperlichen Aktivitäten weiter abnimmt, wenn es häufig zu Misserfolgen kommt.
Aus psychomotorischer Sicht sind die körperliche Aktivität und das Spiel für mehr als nur für eine gute Fitness nötig. Über Bewegung erlangen Kinder ihr eigenes Selbst- und Weltbild (Quante 2010).

Sie lernen nicht durch Erzählungen, sondern wachsen an Erfahrungen, die sie mit ihrem eigenen Körper machen. Diese werden in drei wichtige Erfahrungsbereiche unterteilt: Körper-, Material- und Sozialerfahrungen. Fast alle körperlichen Aktivitäten und Spiele können einem oder mehreren dieser Bereiche zugeordnet werden.

In psychomotorischen Spielgruppen haben Kinder die Möglichkeit, ihre Fantasie auszuleben, in verschiedene Rollen zu schlüpfen und sich selbst zu erfahren. Spielleiter geben einen Rahmen vor und haben ein bestimmtes Förderziel im Sinn. Dennoch ist es wichtig, nicht starr an den eigenen Plänen festzuhalten, sondern in der Lage zu sein, auf die Ideen der Kinder einzugehen. Besonders für Kinder mit körperlichen Defiziten ist es wichtig, dass nicht die Leistungen bewertet werden. Ein Angebot sollte so aufgebaut werden, dass es weder richtig noch falsch gibt. Spiele oder Bewegungslandschaften müssen für jedes Kind zu schaffen sein.

In der Natur wird dieses direkt und ohne Aufbau angeboten. Ein Beispiel wäre ein Waldparcours, den es zu überwinden gilt. Dabei kann sich jedes Kind individuell aussuchen, ob es den liegenden Baumstamm nahe der Wurzel am dicken Stamm oder lieber weiter oben bei den Ästen überqueren möchte.

Eine weitere Idee ist der Aufbau einer Waldhütte. Einige Kinder haben so viel Energie, dass sie die dicksten Äste heranschaffen, die der Wald hergibt, andere sind eher zurückhaltend und werden genauso dringend für andere Projekte benötigt, z. B. für das Verzieren und Dekorieren der Hütte. Das Ziel sollte immer sein, dass alle Kinder Spaß an Bewegung und Herausforderung haben und über Erfolgserlebnisse zu einem positiven Selbstkonzept gelangen.

„Einfach Spielen!" als Motto für eine selbstbestimmte Beschäftigung in der Natur mit den eigenen Möglichkeiten und Grenzen ergibt ohne gezielte Anleitung eine stärkenorientierte Förderung. Das Ziel der Psychomotorik ist eine individuelle Förderung und Stärkung der eigenen Persönlichkeit über spielerische Bewegungsangebote.

Körperliche Aktivität ist in jedem Lebensalter wichtig. Von Geburt an gehört Bewegung nicht nur zum Leben, sondern beeinflusst auch die Entwicklung. Besonders die ersten 12 – 18 Lebensmonate, in denen sich das Kind im neuromotorischen Aufrichtungsprozess befindet, sind von großer Bedeutung.

Abb. 10: Spielen in der Waldhütte

Die Aufrichtung findet über die Bauch- und Rückenlage in den Stütz statt, im Anschluss folgt das Drehen bis hin zum koordinierten Krabbeln. Mit gut einem Jahr ist die komplette Aufrichtung erreicht, das freie Gehen ist möglich. Während jeder Phase der Aufrichtung werden automatisch auch alle Sinne aufeinander abgestimmt. Es kommt zu einer sensorischen Integration der vestibulären (Gleichgewicht), propriozeptiven (Lage im Raum), interozeptiven (Wahrnehmung von Reizen aus dem eigenen Körper), taktilen (Tasten), visuellen (Sehen) und auditiven (Hören) Reize. Das ist das Fundament, auf dem das aktive Leben aufbaut.

Abb. 11: Baumstamm überwinden

Kinder benötigen die Bewegung als Motor für die gesamte Entwicklung. Kein Säugling oder Kleinkind muss aufgefordert werden, sich zu bewegen, alle haben diesen Bewegungsdrang verankert. Mobil werden ist eine große Herausforderung, jeder Schritt der Aufrichtung muss lange geübt werden. Sind die Jüngsten dann motorisch so geübt, dass sie erste Erfahrungen in der Natur machen können, sind alle neuen Eindrücke sehr spannend. Allein der unebene Boden bringt eine permanente Herausforderung mit sich. Teilweise gibt es Steigungen und Gefälle und überall sind heruntergefallene Äste und Hindernisse, die es zu überqueren gilt.

Für jedes Alter bietet die Natur Abenteuer und Herausforderungen. Es wird nie langweilig, auch nicht im Erwachsenenalter.

1.3 Sinneserfahrungen in der Natur

Kinder lernen selbstbestimmt in und von der Natur, sie erleben und be–greifen die Dinge mit all ihren Sinnen. Besonders Kleinkinder profitieren davon. Sie dürfen ihrer Neugier folgend entdecken und machen existenzielle Erfahrungen.

Abb. 12: Spielen im Schlamm

Alle uns bekannten Sinne des Menschen werden in der Natur (ohne dass wir eingreifen müssen) angesprochen. Wir **fühlen** die Wärme der Sonne auf unserer Haut, **hören** Vogelgezwitscher von überall, **riechen** die Vegetation, wie z. B. Kräuter, die am Wegesrand stehen und nassen Waldboden nach einem Regenschauer. Unser **Gleichgewicht** wird geschult durch den unebenen Waldboden, häufig gibt es Hindernisse, die wir bewältigen müssen. Unsere **Augen** sehen die Veränderung der Lichtverhältnisse und passen sich diesen an, wir

fühlen die Natur auf unserer Haut, lassen den Waldboden durch unsere Hände rieseln und **spüren** die unterschiedliche Rinde der Bäume. Wir **schmecken** die Früchte, die wir selbst ernten. Alle Sinne werden permanent angesprochen, und das ohne zu überreizen.

Verlagert sich der Aktionsradius der Kinder vorwiegend ins Hausinnere, folgt eine Überflutung der Fernsinne (hören und sehen). Die Nahsinne (Körperkoordination, Tasten, Riechen und Schmecken) sind unterfordert. Besonders der Medienkonsum, welcher passives Konsumieren bedeutet, überreizt Kinder. Das Problem dabei ist, dass kein aktives Aneignen und Handeln stattfindet. Sämtliche Spielekonsolen erfordern meist volle Konzentration und Aufmerksamkeit meist ohne Körperbewegung.

> *„Natur ist für Kinder so essenziell wie gute Ernährung. Sie ist ihr angestammter Entwicklungsraum. Hier stoßen die Kinder auf vier für ihre Entwicklung unverhandelbare Quellen: Freiheit, Unmittelbarkeit, Widerständigkeit, Bezogenheit. Aus diesen Erfahrungen bauen sie das Fundament, das ihr Leben trägt."* (Renz-Polster/Hüther, 2013, 9)

Abb. 13: Kind erkundet Waldboden

Was gibt es Schöneres für Kleinkinder, als sich in der freien Natur aufzuhalten? Die Natur bietet so Vieles. Sie ist aufregend, erlebnisreich und vielfältig, dennoch ist sie entspannend und verlässlich. Sie zieht besonders Kinder, die ein natürliches Verlangen nach Bewegen, Entdecken und Erleben haben, nach und nach in ihren Bann. Für die Kleinen fühlt es sich wie ein großes Abenteuer an. Es gibt immer Dinge zu bestaunen, beobachten und zu entdecken. Jede Jahreszeit beinhaltet verschiedene Facetten. Somit bietet die Natur eine permanente Veränderung, mit einer immer wiederkehrenden und verlässlichen Struktur.

Wald und Wiese halten verschiedenste Spielmöglichkeiten bereit, es gibt z. B. Rinde, Blätter, Gras und Sand, Eicheln, Moos und leere Schneckenhäuser. Ein Abenteuerspielplatz, der so einfach zu nutzen ist, wenn wir uns nur darauf einlassen und uns der Natur hingeben.

Menschen sind seit Generationen mit der Natur vertraut. Besonders heutzutage, wo viele Erwachsene in der schnelllebigen Zeit einen Ausgleich suchen, gewinnt die Ruhe der Natur wieder an Bedeutung.

Ähnlich geht es den Kindern. Die Anforderungen werden immer höher. Schon in jüngsten Jahren haben sie viele Termine, wobei es sich überwiegend um tolle und lehrreiche Angebote, wie z.B. Musik, Sport, Early English etc. handelt. Dennoch steigt der Stresspegel bei Kindern und in Familien enorm an. Das Resultat ist, dass die Zeit zum freien Spiel häufig auf der Strecke bleibt. Dabei entstehen die wertvollsten Momente draußen, in der wilden und freien Natur ohne Vorgabe, ohne Zwang und ohne vorgefertigtes Spielzeug.

Abb. 14: Kindergruppe im Wald

Exkurs: Bitte halten Sie einmal kurz inne. Schließen Sie – wenn möglich – Ihre Augen, lehnen sich entspannt zurück und lassen sich für einen Moment in ihre Kindheit zurückfallen. Überlegen Sie, welches der Ort war, an dem Sie sich am liebsten aufgehalten haben. Was fühlen Sie dabei?

Diesen Exkurs habe ich regelmäßig mit Studenten durchgeführt. Es war beeindruckend, dass sich alle an einen Ort in der Natur zurückerinnerten. Es kann die alte Eiche in Omas Garten sein, der Bach hinter dem Haus oder die selbstgebaute Hütte im Wald.

Bei meinen Umfragen erinnerte sich niemand an einen schönen Spielplatz im Ort oder an das neue Computerspiel der Freundin. Ich bin überzeugt davon, dass auch dieses Spiel Freude bereitet hat, aber offensichtlich nicht dieses besondere und nachhaltige Empfinden, welches unsere Sinne schärft und für immer in unserem Gefühl verankert ist. Dieses entsteht nur, wenn wir selbst, mit Herz und Hand, die Dinge geschaffen haben.

„Der kindliche Synkretismus oder Animismus ist also ein Phänomen, das in Zusammenhang damit gesehen und verstanden werden muss, dass das kleine Kind noch nicht zwischen sich selbst und der Umgebung klar unterscheiden kann." (Gebhardt 2005, 24)

Kinder lernen erst durch eigene Erfahrungen, sich selbst abzugrenzen. Durch Kontakt mit der Außenwelt, z. B. mit Materialien, Tieren und Pflanzen erkennen sie, dass sie selbstständige Individuen sind.

In diesem Zusammenhang ist das Sammeln von Gegenständen, hier Naturmaterialien, zu nennen. Sammeln ist eine der größten Leidenschaften von Kindern. Sie sammeln, ordnen und sortieren immer wieder neu. Während die Kleinen beliebig sammeln (Sie nehmen aus dem Wald mit, was irgendwie interessant erscheint.), entwickeln die älteren Kinder neue Schwerpunkte: Sie sammeln und sortieren nach Farbe, Form, Größe, Anzahl, Herkunft oder Verwendungsmöglichkeit. Sortieren und Ordnen sind die Basis für viele mathematische Aufgaben, das numerische Denken erwerben Kinder schon jetzt im Kleinkindalter. Später beginnt dann die Phase des Tauschens, um die Sammlung zu perfektionieren, zu komplettieren. Im Grundschulalter wird nicht nur das Vorhandene geordnet, sondern es werden „Lücken" (Da fehlt etwas ...) in der eigenen Sammlung erkannt. Das Kind hat jetzt sowohl die Sicht auf die Welt wie sie ist, als auch beginnend darauf, wie sie sein könnte.

2 Bewegung und Spielen in der Natur planen

Es gibt unzählige Möglichkeiten, einen Tag draußen zu planen. Je nachdem, ob es sich um eine Familie, eine KiTa oder eine psychomotorische Spielgruppe handelt, sind die Vorstellungen der Spielleiter unterschiedlich. Dennoch haben alle dasselbe Ziel: Spaß und Bewegung in der Natur durch spielerische Angebote.

Abb. 15: Kinder tragen einen Baumstamm

Das Kind „braucht deshalb seinesgleichen, nämlich Tiere, überhaupt Elementares, Wasser, Dreck, Gebüsche, Spielraum" (Mitscherlich 1965, 24).

Nach Mitscherlich ist das Erleben dieser Umweltgegebenheiten erforderlich, um bestimmte soziale Erfahrungen grundzulegen, so z. B. das örtliche Zugehörigkeitsgefühl. Dies sei erforderlich als sicherer Ausgangspunkt.

„Um Schwung zu haben, muß man sich von einem festen Ort abstoßen können, ein Gefühl der Sicherheit erworben haben" (Mitscherlich 1965, 25).

2.1 Inhaltlich-methodische Planung eines Naturtages

Für einen Tag in der Natur müssen neben den Spielangeboten noch einige weitere Aspekte berücksichtigt werden, dazu gehört eine umfassende Vorbereitung des Inhalts und der benötigten Materialien.

2.1.1 Aufbau eines Angebotes

Das Angebot sollte generell nur minimalistisch geplant werden. Erwachsene/Spielleiter sind häufig motiviert und möchten viel Input in eine Stunde integrieren. Sie neigen schnell dazu, umfangreiche und abwechslungsreiche Angebote zu machen. Mit Kleinkindern ist das nicht nötig, sie lieben die Wiederholung von Bekanntem, die sie dann mit einigen neuen Erfahrungen verknüpfen können.

Abb. 16: Kinder betrachten Moos von unten

In der ersten Einheit wird häufig festgestellt, dass nicht einmal die Hälfte der geplanten Angebote durchgeführt werden konnte. Kinder sehen die Welt noch mit anderen Augen. Sie entdecken eine Pusteblume, klettern über den umgefallenen Baum am Wegesrand und bestaunen die kleinen Tierchen, die sich unter angebrochenen Hölzern niedergelassen haben. Sie brauchen einfach Zeit, sie lassen sich im Hier und Jetzt fallen in ihre eigene Gedanken- und Gefühlswelt.

Jede geplante Spielaktion beginnt in einem Sitzkreis mit einer Begrüßung des Spielleiters und wird begleitet durch eine **Handpuppe** (Kap. 2.1.3). Außerdem gehören **Fingerspiele** oder **Lieder** (Kap. 2.1.3) zum festen Bestandteil einer jeden Aktion.

Unabhängig vom geplanten Angebot können wichtige eingeführte Regeln (z. B.: Wir bleiben in Sicht- und Hörweite.) mit selbst gefertigten Regelkarten immer wiederholt werden.

Der Spielleiter stellt im Anschluss spielerisch das aktuelle Thema vor. Wichtig ist, dass als Erstes ein aktives Spiel angeboten wird und ausreichend Zeit zum Erkunden der Umgebung vorhanden ist. Besonders bei Aktivitäten mit dem Schwerpunkt Konzentration und Wahrnehmung sollten die Kinder zuerst ihrem Bewegungsdrang nachgehen können. Zum Ende des Naturtages lässt man alle Aktivitäten und Erkenntnisse mit den Kindern Revue passieren.

Es ist zu empfehlen, je nach Thema neue Spiele zu integrieren, allerdings die alt bekannten (z. B. zu Anfang und Ende) mit einzubeziehen. Neue Spiele, bzw. Themen werden in der Begrüßungsrunde nur grob erläutert. Sämtliche Aktionen sollten immer vom Spielleiter (evtl. mit einem ausgewählten Kind) vorgeführt werden, da die Kinder am Modell lernen und gern nachahmen.

2.1.2 Der Umgang mit Tieren und Pflanzen

In der Natur erleben wir Tiere und Pflanzen in ihrem natürlichen Lebensraum. Der Spielleiter hat Vorbildfunktion und sollte den Kindern erläutern, dass wir in der Natur bei Pflanzen und Tieren „zu Besuch“ sind und uns dementsprechend verhalten müssen. Das bedeutet, dass wir vorsichtig und respektvoll im Umgang mit Tieren sind. Wenn wir Kleintiere (behutsam) aufnehmen, um diese in der Becherlupe anschauen zu können, dann lassen wir sie später am Aufnahmeort wieder frei. Dieses sollte zügig passieren, da die kleinen Lebewesen sich vermutlich außerhalb ihres natürlichen Lebensraums nicht wohl fühlen. Treffen wir auf zahme Waldtiere (wie z. B. Eichhörnchen), so dürfen wir diese nicht anfassen, da sie vermutlich verletzt sind oder an einer Krankheit leiden. In diesem Fall ist eine Meldung beim zuständigen Förster / Jäger zu empfehlen.

Abb. 17: Kind mit Lupe

Immer wieder ist zu beobachten, dass einige Kinder eine gewisse Scheu oder Ekel gegenüber Insekten empfinden. In dem Fall sollte man ihnen die Zeit geben, die kleinen Krabbeltiere erst einmal aus der Entfernung zu beobachten. Häufig wird die anfängliche Skepsis in Gruppen schneller überwunden, wenn sie zuschauen, während andere Kinder ganz selbstverständlich mit den kleinen Bewohnern umgehen.

Beim Umgang mit Pflanzen ist darauf zu achten, dass diese nicht komplett (mit Wurzel) herausgerissen werden. Es reicht völlig aus, einzelne Blätter oder Blüten abzunehmen.

2.1.3 Struktur und Rituale

Kleine Kinder brauchen Bekanntes und damit Vertrautes. Eine erkennbare, wiederkehrende Struktur bietet Orientierung und Sicherheit. Kleinkinder suchen von sich aus immer wieder die Nähe zu vertrauten Personen und Orten, dort fühlen sie sich sicher und geborgen, von da ausgehend können sie Neues entdecken und immer wieder zum Vertrauten zurückkehren. Im bereits Bekannten finden sie Halt, Sicherheit und Mut zu Neuem. Da ist es naheliegend, dies durch gute, wiederkehrende Strukturen und Rituale zu unterstützen. Wenn sich die Kinder an den stets gleichen Aufbau der Naturaktionen (Kap. 2.1.1) gewöhnt haben, wächst ihre Sicherheit und Bereitschaft, der natürlichen Neugier nachzugeben und Neues zu wagen. An dieser Stelle liegt auch der Grund für den Einsatz einer bekannten Handpuppe und von bekannten Liedern und Reimen.

Der Einsatz von Handpuppen

Eine sympathische Handpuppe zaubert unmittelbar ein Lächeln in jedes Kindergesicht. Sie dient als Identifikationsfigur und begleitet jedes Ritual. Sie kann auch schon mal darüber hinweg helfen, dass nicht immer die erste Bezugsperson des Kindes bei dem Ausflug dabei sein kann.

Handpuppen haben eine eigene Stimme und einen eigenen Charakter, das heißt, sie haben eigene Handlungsmöglichkeiten. Zu Beginn einer Einheit begrüßt die Handpuppe jedes Kind mit Namen. Das fördert das Zugehörigkeitsgefühl und ist ein vertrautes Ritual. Handpuppen sind einfühlsame Türöffner zur kindlichen Welt. Empathisch, liebevoll, mit Kreativität und Fantasie folgen Handpuppen der Spur der Kinder und gehen auf Einzigartigkeit, Individualität und Stärke ein. So lernen Kinder auf spielerische Art und Weise zu vertrauen und Emotionen auszudrücken.

Handpuppen gestalten die Interaktion in einer Gruppe spannend, kreativ

Abb. 18: Herr Rotfuchs im Einsatz

und offen. Aus eigener Erfahrung kann ich sagen, dass es keinen besseren Türöffner als eine Handpuppe gibt. Besonders in neuen Kindergruppen sind einzelne Kinder zu Beginn unsicher und schüchtern. Andere können ihre Energie kaum bremsen. Eine Handpuppe schafft es, dass sich alle versammeln und mit voller Aufmerksamkeit dabei sind.

Uns begleitet in diesem Buch die Handpuppe „Herr Rotfuchs“.

Der Einsatz von Liedern, Reimen und Fingerspielen

Viele der hier genannten Lieder und Reime sind allgemein bekannt, nicht immer sind die kreativen Köpfe hinter diesen Werken eindeutig zu recherchieren, da die Texte und Melodien immer wieder mündlich überliefert, verändert und den jeweiligen Erfordernissen angepasst wurden und werden. Zu allen angeführten Texten und Liedern finden sich auch im Internet auf einschlägigen Kinderseiten Texte und Musikdateien mit unterschiedlichen Variationen. Sie sind geeignet, damit der Spielleiter das Lied gut kennt, bevor er es in der Naturumgebung wahrscheinlich meist ohne musikalische Begleitung den Kindern nahebringen kann. Der Spielleiter sollte mit den von ihm vorgestellten Liedern und Reimen gut vertraut sein, nach Möglichkeit sollte er sie auswendig vortragen, das ermöglicht Sichtkontakt zu den Kleinkindern während des Vortrags.

Der Eifer, jedes Mal einen neuen Reim oder ein neues Lied vorzustellen, ist unnötig. Mit Kleinkindern ist das nicht nötig. Erscheint es Erwachsenen langweilig, jeden Tag das gleiche Fingerspiel zu machen, so schenkt es den Kindern Vertrauen und Sicherheit und bringt außerdem Spaß. Im Kleinkindalter ist Wiederholung sehr wichtig, es dauert seine Zeit, bis die Kinder mitmachen oder mitsingen können. Bei gesprochenen Gedichten können nach ein, zwei Wiederholungen die ersten Kinder vielleicht schon den Reim antizipieren, wenn der Spielleiter das jeweilige Zeilenende etwas verzögert vorträgt.

Wichtig ist der Spaß an Melodie und Rhythmus, hier helfen insbesondere auch die begleitend auszuführenden Bewegungen. Mal sind es nur die Finger, mal kann der ganze Körper mitmachen, mal ist es eher ruhig und nachdenklich, mal richtig wild. Hier wird das Kind in seinem Bedürfnis nach ganzheitlicher Ansprache gesehen und ernstgenommen. Zugleich dient das Mitsprechen der Texte der Sprachförderung, z. B. werden so mühelos neue Wörter gelernt und die Reime helfen beim Aufbau einer phonologischen Bewusstheit, die Voraussetzung für den späteren Erwerb der Schriftsprache ist (Schnitzler 2008, 1).

2.1.4 Materialien für die Spielaktion

Zumeist bedarf es nicht vieler Dinge, um Spielaktionen im Wald organisieren, auch kurzentschlossenes Spiel ohne jegliche Materialien sind möglich. Allerdings ist es empfehlenswert, einige grundsätzliche Dinge für Aktionen in der Natur im Rucksack zu haben. Dabei handelt es sich um Materialien, die für viele spontane Spielideen einsetzbar sind:

- kleines Schwungtuch, z. B. für Gruppenspiele auf der Wiese
- Seile zum Spielen und Toben, Markieren von Flächen und vieles mehr
- Lupe/Becherlupe zum genauen Beobachten von Pflanzen und Tieren

Hinzu kommen Materialien für das speziell geplante Angebot, die zu jedem Spiel angegeben sind (Kap. 3) und gern auch eine Handpuppe, wie vorab erläutert (Kap. 2.1.3).

2.2 Praktisch-organisatorische Planung

Ein Tag im Wald muss gut geplant werden. Neben dem geeigneten Ort, Spiel und Materialien sind auch Kleidung und Ausstattung sowie einige Regeln für das Naturerlebnis zu beachten, um keine Risiken einzugehen.

2.2.1 Jahreszeiten und Wetter

„Es gibt kein schlechtes Wetter, es gibt nur schlechte Kleidung." Diesen und ähnliche Sprüche hat sicherlich jeder schon mehrfach gehört. Dabei ist die Verlockung, bei Regen und Kälte den Tag auf dem Sofa zu verbringen, groß. Wie schön ist es, wenn man es schafft, den „inneren Schweinehund" zu überwinden und die Natur mit all ihren Facetten zu erleben. Sturm, Regen, Sonne und Kälte, alles hat seinen ganz besonderen Reiz.

Kinder würden nicht auf die Idee kommen, bei Regenwetter im Haus zu bleiben, eher im Gegenteil, es gibt für Kleinkinder kaum etwas Spannenderes als Pfützen. Wir Erwachsenen sind es, die sich motivieren müssen, um den Charme jeden Wetters wieder zu spüren. Die Naturaktionen werden selbstverständlich den gerade gegebenen Jahreszeiten- und Wetterbedingungen angepasst.

Abb. 19: Kinder in der Pfütze

Jahreszeiten bieten Halt und Verlässlichkeit, dennoch sind sie so abwechslungsreich:

Im Frühling erwacht die Natur zu neuem Leben, die Farben der Pflanzen sind stark und kräftig, die Tage sind lang und geprägt von viel Licht. Es scheint, als würden sich Mensch und Tier gleichermaßen über das neu erwachte Leben erfreuen. Bei einem Spaziergang erleben wir die Natur mit allen Sinnen. Unsere Augen nehmen nach dem langen Winter das Licht wahr, wir riechen die ersten Frühblüher. Sogar den Geruch von Boden können wir im Wald, besonders nach einem Regenschauer, wahrnehmen. Unsere Ohren werden durch die Stimmen der Tiere inspiriert.

Im Sommer erleben wir sehr unterschiedliche Temperaturen, von sehr heißer Witterung mit hoher Luftfeuchtigkeit bis hin zu kühlen Nächten und Regentagen. Die Natur hat ihren Höhepunkt erreicht. Viele Pflanzen blühen, die Tiere haben mittlerweile ihren Nachwuchs bekommen und solange es hell ist, hören wir den Gesang der Vögel.

Herbstzeit ist Erntezeit. Besonders beeindruckend ist die Ernte, wenn sie gemeinsam verarbeitet wird, z.B. zu Apfelkeksen, Kartoffelpüree oder Birnenmarmelade. Außerdem bietet der Herbst eine besondere Farbvielfalt,

Abb. 20: Kind auf der Wiese

Abb. 21: Kind im Schnee

durch die kürzeren Tage und das geringere Licht fahren die Bäume die Fotosynthese zurück. Dadurch verändern sich die grünen Blätter in verschiedene Rot- und Brauntöne bis diese schließlich abfallen.

Eine besondere Stille strahlt der Winter aus. Die Natur kommt zur Ruhe, bei Spaziergängen hat man das Gefühl, als würde alles in einer Art Winterschlaf liegen. Die Temperaturen sinken, zeitweise auch in den Frostbereich. Es ist still draußen, wir nehmen kaum Geräusche von Lebewesen wahr. Die Tage sind kurz und die Nächte lang. Abhängig von der Region bietet uns der Winter zu der faszinierenden Ruhe etwas Schnee. Dann fühlt sich der Blick in die Natur verzaubert an, alles ist hell, leise, sauber und wunderschön.

2.2.2 Alter der Kinder und deren Bedürfnisse

Jede Naturerfahrung, jede einzelne Minute in der Natur ist für alle Kinder wichtig, gut und von großer Bedeutung! Für kleine Kinder spielen – unabhängig vom Spaß – die physische, psychische und psychosoziale Komponente eine bedeutende Rolle.

Wie bereits erläutert (Kap. 1.2) ist neben anderen Grundbedürfnissen des Kindes (wie z. B. Nahrung, Geborgenheit und Kleidung) auch Bewegung ein

Abb. 22: Gemeinsames Spiel in der Wiese

wesentlicher Bestandteil des gesunden Lebens. Wer mit und für Kinder lebt und arbeitet, wird immer wieder feststellen können, dass es die selbst gemachten Bewegungserfahrungen draußen sind, die Leichtigkeit, Lachen und Freude ins Leben bringen (Klettern auf Bäumen, Herummatschen mit nasser Erde, das Springen in Pfützen, das Versteckenspielen im Wald ...).

In diesem Buch wird das Bedürfnis nach Bewegung und Spiel aufgegriffen und es werden einige Spielideen vorgestellt. Dennoch kann es (trotz hervorragender Vorbereitung) passieren, dass das vorbereitete Spiel anders verläuft oder sogar ausfällt. Kinder entdecken überall interessante Dinge, z. B. eine Ameisenstraße. Dabei war der Plan, im Wald eine Schaukel aufzubauen. Schaffen wir es dennoch, unseren Plan in den Hintergrund und die kleinen Tierchen in den Vordergrund zu stellen, arbeiten wir bedürfnis- und interessenorientiert. Kinder lernen durch Begeisterung und echtes Interesse. Die Schaukel kann auch in der nächsten Einheit zum Erlebnis werden.

Für eine geplante Einheit in der Natur sollte nur ein einziges Spiel (Kap. 3) vorbereitet werden. Wurde der Ort (Wald, Wiese oder Bach) insbesondere von sehr kleinen Kindern noch nie zuvor besucht, darf das Erkunden höchste Priorität haben. Generell sollte berücksichtigt werden, dass Kleinkinder sich noch nicht allzulange auf eine bestimmte Sache konzentrieren können.

Bei älteren Kindern wird zunehmend auf Natur- und Umweltbildung eingegangen. Durch spielerische Experimente werden Zusammenhänge erläutert, wie z. B. die Filtereigenschaften der verschiedene Bodenschichten.

Abb. 23: Experimente zu Bodeneigenschaften

Kann das Kind unvoreingenommen Wald, Wiesen und Bäche mit ihren pflanzlichen und tierischen Bewohnern kennenlernen, mit ihnen behutsam und spielerisch vertraut werden, so wird es die Natur schätzen und lieben lernen. Erst dann wächst das Bedürfnis und auch die Fähigkeit, sie zu schützen und zu bewahren. Umweltzerstörung und Umweltverschmutzung sind Themen, über die gesprochen wird, zudem werden Lösungen gesucht, um dem entgegenzusteuern. Wichtig ist, diese Themen spielerisch, z. B. in Upcyclingkursen, aufzugreifen. Kinder sind erstaunt, wie einfach und wichtig es ist, Müll einzusparen. Sie sind begeistert, wenn sie aus den Abfallprodukten, die natürlich nicht ganz zu vermeiden sind, etwas Schönes und Neues erschaffen können. Dabei sind der Kreativität keine Grenzen gesetzt, es kann z. B. aus einem Tetrapack eine Geldbörse oder ein Utensilo entstehen, aus alten Socken ein Teddybär oder für ältere Kinder aus der herausgewachsenen Jeans eine individuelle Tasche.

Abb. 24: Kind mit Kellerassel

Später in der Schule werden gezielt und strukturiert naturwissenschaftliche Kenntnisse erworben, die Konsequenzen des Klimawandels werden ebenso erklärt, wie die Folgen der Regenwaldabholzung und der Anstieg des Meeresspiegels. Folglich wird erläutert, wie wir Menschen dagegen steuern können.

Die Erkenntnis der Auswirkungen des menschlichen Verhaltens auf die Umwelt zeigt die Dringlichkeit, die Natur von Beginn an erleben und erfahren zu dürfen. Es ist sicherlich niemals zu spät, sich mit der freien Natur und all ihren Facetten auseinanderzusetzen, dennoch sind die ersten, völlig unvoreingenommenen Eindrücke im Kleinkindalter durch nichts zu ersetzen.

2.2.3 Gruppengröße und Dauer der Spielaktion

Die Gruppengröße ist individuell zu planen. Es richtet sich nach dem Alter der Kinder, der Anzahl der Betreuer, nach den Örtlichkeiten und den Angeboten, die geplant sind.

In der Regel bestehen Kindergruppen im Kleinkindalter (KiTa, Tagespflege, psychomotorische Kindergruppen) aus einer Kleingruppe von 5 – 12 Kindern. Es ist sinnvoll, wenn ein Betreuer für 3 – 4 Kinder zuständig ist. Dies ist ein Richtwert, der immer individuell angepasst werden sollte. Bei einem Angebot auf der Wiese kann ein Betreuer vier oder fünf Kinder im Blick haben, bei Angeboten am und mit Wasser empfehle ich nur zwei Kinder pro Betreuer. Häufig kennen die Spielleiter die Kinder, so dass sie ihre jeweiligen Bedürfnisse und Möglichkeiten gut einschätzen können.

Für die Dauer des Angebots gibt es ebenfalls keinen Richtwert. Von einer Zeitstunde bis hin zu einem kompletten Vormittag (inkl. Picknick) in der Natur ist alles möglich. Wichtig ist, sich kein zu umfangreiches Spielprogramm vorzunehmen. Kleinkinder interessieren sich für vieles, was sie um sich herum entdecken. Bei der Planung sollte das berücksichtigt werden.

2.2.4 Sicherheit und Risiken

> *„Wenn es generell um unsere Lebensgestaltung, um Glück und Gesundheit geht, taucht unwillkürlich die Frage auf: Was könnte dabei alles passieren? (...) Und schon stecken wir mit unserer Perspektive beim Pathologischen fest, bei möglichen Krankheiten und auch bei Katastrophen.“ (Renz-Polster/Hüther, 2013, 176/177)*

Abb. 25: Gefahren einschätzen am Hügel

Dabei ist es wichtig, den Blick auf die Dinge zu lenken, die uns wachsen lassen. Selbstwirksamkeit wird erlebt, indem etwas bewältigt wurde: „Ich habe es geschafft!" Wird der Fokus zu sehr auf mögliche Katastrophen gelegt, traut sich niemand mehr, seine natürlichen Grenzen auszutesten. Natürlich ist es bei der Beschäftigung mit Kleinkindern unumgänglich, sich mit Sicherheit und Risiken auseinanderzusetzen. Kinder erkennen aus eigenem Antrieb nicht alle Gefahren, die für Erwachsene auf dem ersten Blick offensichtlich sind. Besonders am Wasser hat Sicherheit oberste Priorität.

Dennoch möchte ich erwähnen, dass es primär wichtig ist zu erkennen, was uns beflügelt, glücklich macht und uns stärkt. Sehen wir die Dinge überwiegend aus der Risikoperspektive, so können wir vieles, was Kinder stark und selbstbewusst werden lässt, nicht authentisch leben. Kinder erlernen Risikokompetenz, indem sie ihre Fähigkeiten und Grenzen in der wilden Natur ausleben können. Sie lernen, ihren Körper und ihre Fähigkeiten realistisch einzuschätzen.

Das Spiel mit Wagnissen ist unumstritten für die Persönlichkeitsentwicklung von großer Bedeutung. Kinder testen ihre Grenzen, überwinden Ängste und erlangen eine gesunde Selbsteinschätzung. Durch die zunehmende wachsende motorische Fähigkeit werden Verletzungen und Unfälle vermieden. Dennoch bleiben aufgeschlagene Knie nicht aus und gehören zum Großwerden dazu.

Nachfolgend werden einige praktische Fragen beantwortet, damit soll mehr Sicherheit und Motivation erreicht werden, den Lernort Natur auch schon für die Kleinsten zu nutzen.

Welche Regeln müssen vorab mit den Kindern besprochen werden?

Der gesamte Tagesablauf sollte mit den Kindern grob besprochen werden. Zusätzlich zur Erläuterung des Angebots muss auf einige Regeln hingewiesen werden.

- Wir bleiben in Sicht- und Hörweite.
- Wir bleiben bei der Gruppe, Markierungen werden nicht überschritten.
- Wir essen keine gefundenen Pflanzen und Früchte. (Dies geschieht nur gemeinsam mit Erwachsenen!)
- Wir trinken kein Wasser aus Gewässern/Pfützen.
- (Zahme) Wildtiere („Felltiere") fassen wir nicht an, da sie vermutlich krank sind.
- Wir verhalten uns respektvoll gegenüber der Natur: Wir reißen keine Pflanzen heraus und zerstören kein Leben/keine Tiernester.
- Tiere, die wir in der Lupendose beobachtet haben, setzen wir an den Ort der Aufnahme zurück.
- Müll nehmen wir wieder mit nach Hause (Es darf auch Müll eingesammelt werden.).

Tipp: Besonders für Kleinkinder empfiehlt sich das Anfertigen von Regelkarten, diese können aufgemalt und einlaminiert werden. Beliebig oft können die Karten am Treffpunkt besprochen werden. Da die Regeln gemalt/skizziert sind und nicht geschrieben, können auch die kleinen Kinder sie verstehen.

Was mache ich bei vorhergesagtem Unwetter, Gewitter und Regen?

Bei Unwetter (Gewitter und Sturm) darf das Angebot draußen nicht stattfinden. Sollte es ausschließlich regnen, dann steht dem Tag in der Natur nichts im Wege. Wenn angemessene Regenkleidung getragen wird und Wechselwäsche dabei ist, kann der Tag mindestens genau so viel Spaß machen wie bei Sonnenschein.

Es empfiehlt sich, ggf. eine alte Plane mitzunehmen, damit kann ein Treffpunkt zwischen zwei oder mehreren Bäumen gestaltet werden, der trocken bleibt. Somit muss die Frühstücksrunde nicht im Regen stattfinden und die Rucksäcke und Materialien sind ebenfalls geschützt.

Ist keine Plane dabei, kann ein Dach aus dem mitgebrachten Schwungtuch gebaut werden. Dazu können die Schlaufen des Tuchs mit den Seilen an drei oder vier Baumstämmen befestigt werden.

Welche Gefahrenquellen müssen vorab entfernt oder ggf. besprochen werden?

Sämtliche Gefahren müssen entweder entfernt oder gesichert werden. Sollte ein Tag im Wald geplant sein, gehört ein Blick in die Baumkronen immer dazu. Bei Sturm und bis zu drei Tagen danach bitte nicht in den Wald gehen!

Ist das Angebot auf einer Wiese geplant, so sollte auch dort einmal der Blick des Spielleiters über das Areal schweifen. (Ist besonders viel Wespenaktivität zu beobachten? Dann sollte geschaut werden, ob ein Erdwespennest vorhanden ist.)

Spiele am Wasser sind immer attraktiv, aber besonders dort muss im Vorfeld geklärt werden, dass ausreichend Betreuer zur Verfügung stehen. Überall am Wasser (eine Pfütze reicht) dürfen Kleinkinder nicht unbeaufsichtigt spielen.

Zu jedem Ausflug in die Natur sollte ein **Handy** mitgenommen werden. Vorab am besten prüfen, ob ein Handynetz zur Verfügung steht. Wichtig ist, dass immer **mindestens zwei Betreuer** vor Ort sind, damit sich einer um ein verletztes Kind und der andere um die restliche Gruppe kümmern kann. Wichtig ist außerdem, immer ein **Erste-Hilfe-Set** dabei zu haben.

2.3 Weitere wichtige Planungsaspekte

Generell findet immer eine Vorbesprechung der Betreuer mit den Erziehungsberechtigten statt, oder es gibt ein Informationsschreiben vom Spielleiter, bevor geplante Waldtage beginnen. Dieser wird individuell erläutern, was die Kinder benötigen und wie der Tagesablauf geplant ist.

Einige Dinge dürfen grundsätzlich bei einem Ausflug in die Natur nicht fehlen. Im **Rucksack des Spielleiters** sollte Folgendes vorhanden sein:

- Erste-Hilfe-Set
- Handy mit Telefonliste der Kinder
- Taschentücher / Toilettenpapier / Feuchttücher
- ggf. Windeln
- Mülltüte
- Sitzunterlagen
- Handpuppe

Alle Kinder bringen ebenfalls einen eigenen Rucksack mit in den Wald. Hierfür eignet sich ein Kinderrucksack mit Brustgurt, da er sich gut und bequem auf dem Rücken der Kleinen tragen lässt. In dem **Rucksack der Kinder** sollten folgende Dinge enthalten sein:

- Frühstück oder kleine Zwischenmahlzeit (Bitte nur Dinge, die ohne Probleme direkt in den Mund gesteckt werden können: keine Apfelsinen, Quarkspeisen oder Müsli mit Milch). Im Sommer sollte bitte außerdem darauf geachtet werden, dass keine süßen Speisen oder Getränke dabei sind, da diese Wespen anziehen.
- Trinkflasche
- Wechselwäsche
- ggf. Regen- oder Sonnenschutz (Mütze, Schirmmütze, Sonnenmilch)

Tipp: Falls vorhanden, kann ein Bollerwagen für den Transport der Materialien und Rucksäcke mitgenommen werden.

Angemessene Kleidung für einen Tag in der Natur sieht so aus:

- Oberbekleidung: ganzjährig lange Hose, im Sommer eine luftige Hose (Zeckengefahr), im Herbst und Winter eine Regenhose, bei Kälte eine Schneeanzug und Handschuhe
- Schuhwerk: geschlossene Schuhe, bei Regenwetter Gummistiefel, ansonsten bequeme Schuhe, mit denen guter Halt beim Klettern und Balancieren gegeben ist
- Kopfbedeckung: je nach Witterung Mütze oder Sonnenhut

Kennt sich ein Spielleiter selbst nicht besonders gut aus mit Pflanzen und Tieren, so ist das um so mehr ein Grund, mit den Kindern die Natur zu erkunden. Besonders im Kleinkindbereich ist nicht das Wissen von Bedeutung, sondern die Motivation, sich der Natur hinzugeben. Die Wahrnehmung der Sinne, der Platz für Bewegung und die beruhigende Stille sind der wesentliche Nutzen, welche die Zeit draußen mit sich bringt. Sollte ein Kind tatsächlich nach einem Namen von Pflanze oder Tier fragen, so gibt es immer noch die Möglichkeit, mit dem Kind gemeinsam sich einen eigenen Namen auszudenken. „Wie sieht der kleine Käfer aus? Welcher Name passt zu ihm?“ Der Kontakt und das Interesse sind erst einmal hergestellt. Der tatsächliche Name kann im Anschluss zuhause oder in der Einrichtung nachgeschaut werden. Mittlereile gibt es auch Pflanzenerkennungs-Apps auf dem Handy, so dass viele Fragen schnell geklärt werden können. Bei der nächsten Gelegenheit kann das Tier dann z. B. einen Doppelnamen bekommen, einmal den fiktiven, zusammen mit dem reellen. Mit größeren Kindern / Grundschulkindern sollte direkt ein Bestimmungsbuch mit in die Natur genommen werden.

3 Praktische Bewegungs-, Spiel- und Entspannungsanregungen für verschiedene Naturumgebungen

Die Lebensbereiche Wald, Wiese, Sand und Wasser halten wiederkehrende, aber auch je unterschiedliche, ganz spezifische Naturphänomene und -materialien bereit. Jeder dieser Orte hat aufgrund seiner besonderen Eigenschaften auch eigene Spielmöglichkeiten, die es zu erkennen und zu nutzen gilt. So kann das Kleinkind bei behutsamer Begleitung an allen verschiedenen Örtlichkeiten in der Natur je eigene Abenteuer erleben, auf der Weite der Wiese, im Schatten der Bäume, hockend im Moos, mit den Füßen im Sand oder am plätschernden Bach.

Dieses Kapitel bietet zahlreiche Spiele, die für Kleinkinder geeignet sind, inklusive Hinweisen zum Förderschwerpunkt und zu möglichen Variationen

Abb. 26: Laufen auf unebenem Grund im Wald

für verschiedene Altersgruppen. Viele Ideen sind ebenfalls geeignet für Familien, die ihre Kinder zu Spaziergängen motivieren möchten. Bei den nachstehenden Spielen ist nicht immer eine eindeutige Zuordnung als Waldspiel, Wiesenspiel oder z. B. Sandspiel möglich. Manchmal kann man sie genauso oder etwas abgewandelt auch an einem anderen Ort spielen. Dabei sollte der Spielleiter daran denken, sich vorher auch mit dem Gedicht oder Spiellied intensiv bekannt zu machen.

3.1 Spiele im Wald

Der vielfältige Lebensraum Wald ist vor allem bestimmt durch die hohe Dichte von riesigen Pflanzen, den Bäumen, und weiteren waldspezifischen Pflanzen wie Moose und Farne, Tieren, Geräuschen und Gerüchen. Der Wald ist für Kleinkinder zunächst von überwältigender Höhe und nur im unteren Bereich direkt durch alle Sinne zu erkunden. Die oberen Zonen (Baumkronen) erreichen die Kinder durch das Sehen (z. B. Licht und Schatten) und Hören (z. B. Vögel). Die größeren und für viele Kinder „typischen" Tiere des Waldes wie z. B. Fuchs, Reh und Wildschwein können sie eher selten direkt beobachten, aber sie können unter fachlicher Anleitung Hinweise auf das Vorkommen dieser Tiere finden. Der Wald lädt uns ein, vielfältige Abenteuer zu erleben, zu staunen und in der Begegnung mit der Natur Liebe für alles Lebendige zu entdecken.

Das Spiellied vom Tanzbären kann bei allen Waldspielen vor oder nach der Aktion eingesetzt werden. Es kann die Motivation steigern, ebenso durch seine Leichtigkeit zur Entspannung und anschließenden Konzentrationssteigerung beitragen.

Lied „Tanzbär"
Ich bin ein dicker Tanzbär
und komme aus dem Wald.
Ich such´ mir einen Freund aus
und finde ihn schon bald.
Ei wir tanzen hübsch und fein
von einem auf das andere Bein,
ei wir tanzen hübsch und fein
von einem auf das andre Bein …
(mündlich überliefert, Glück / Sommerland 2010)

3.1.1 Lebendige Kamera

Das Kind hält für einen kurzen Moment einen Ausschnitt der Natur mit den Augen fest („fotografieren“) und erzählt anschließend über das Gesehene.

- **Spielort:** Wald
- **Gruppengröße:** Partnerspiel
- **Förderbereich:** Orientierung, visuelle Wahrnehmung, Konzentration, Vertrauen, Merkfähigkeit, Rollenwechsel
- **Material:** ohne

Fingerspiel: „Der Fotoapparat“
Zur Vorbereitung auf das gemeinsame Fingerspiel, verwandeln sich alle Hände in einen Fotoapparat, die Zeigefinger sind die Auslöser.
Seht mal, diesen Mann mit Schlips! Einmal draufgedrückt und -KNIPS!
Seht den Maler, so verschmiert. KNIPS! Und Blitz! Fotografiert!
Und das Denkmal dort aus Gips? Einfach ausgelöst und KNIPS!
Dort, das Segelschiff samt Masten. KNIPS! Ist schon im Fotokasten.
Baum und Blumen, Berg und Busch. Bäche, Buben, husch, husch, husch!
Alles, alles – halte mal! Film nicht drinnen – na, egal!
(Die Hände sind der Fotoapparat, der Zeigefinger ist der Auslöser)
(www.pinterest.de/pin/589197563721075293. 7.1.2021)

Vorbereitung: Der Spielleiter macht sich mit dem Gedicht vertraut.
Spielablauf: Zu Spielbeginn finden sich alle Kinder zusammen. Die Handpuppe Herr Rotfuchs möchte gerne wissen, ob sie schon einmal fotografiert haben oder ob sie vielleicht sogar ein Lieblingsfoto haben.

Es finden sich alle Kinder zu zweit zusammen. Ein Kind spielt die Kamera, das andere ist der Fotograf. Beide Kinder stellen sich hintereinander. Die Kamera steht vorne und schließt die Augen. Das andere Kind (Fotograf) fasst das vordere mit beiden Händen an der Schulter und führt es vorsichtig und langsam zum ausgewählten Ziel. Dabei sollte darauf geachtet werden, dass keine Stolperfallen auf dem Weg sind.

Am Ziel angekommen, wird die Kamera richtig ausgerichtet und durch leichtes Antippen auf den Kopf des Kamerakindes der Auslöser betätigt. Daraufhin öffnet die Kamera die Augen und schaut das Zielobjekt an. Direkt im Anschluss (ca. 10 Sekunden) wird der Auslöser erneut gedrückt und das Foto ist im Kasten. Der Fotograf begleitet seine Kamera an den Ausgangspunkt zurück. Wenn alle Kinder wieder am Treffpunkt sind, versammeln sich alle und dürfen nacheinander erzählen, was sie als Foto festgehalten haben.

Nach dem Spiel kann eine Reflexion erfolgen. Was hat das Kind fotografiert? Worüber hat es gestaunt? Staunt es über die gleichen Objekte wie ein Erwachsener? Bei diesem Spiel können wir uns überraschen lassen, worauf der Fokus des Kindes liegt. Sieht es das „große Ganze" oder ein bestimmtes Detail?

Abb. 27: Kameraspiel

Variation: Bei kleinen Kindern (unter drei Jahren) empfiehlt sich, dass die „Kamera" durch die Spielleitung zum Objekt geführt wird.

Je nach Interesse und Mut des Kindes (unabhängig vom Alter), kann dieses auch mit geöffneten Augen zum Zielobjekt geführt werden. Erst dort schließt die Kamera kurz die Augen, wird ausgerichtet und öffnet die Augen wieder, wenn der Auslöser gedrückt wird.

3.1.2 Waldkunst

Die Kinder stellen aus Naturmaterialien eigene Kunstwerke her. Dabei gibt es kein „richtig" und „falsch", nichts ist vorgefertigt und technisiert. Sie können eins sein mit der Natur und ihrer Kreativität freien Lauf lassen.

- **Spielort:** Wald
- **Gruppengröße:** Gruppen-, Partner- und Einzelspiel
- **Förderbereich:** Kreativität, Kommunikation, Fantasie, visuelle Wahrnehmung
- **Material:** ohne

Vorbereitung: Der Spielleiter sucht eine geeignete Stelle im Wald und malt mit einem Stöckchen einen Rahmen für das Kunstwerk auf den Waldboden. Je nachdem wie viele Kinder mitspielen, können auch mehrere Rahmen gefertigt werden.

Abb. 28: Waldkunst

Spielablauf: Herr Rotfuchs leitet das Spiel ein: „Das ist dein Bilderrahmen. Du kannst das Bild mit vielen schönen Dingen (z. B. Blätter, Steine, Rinde, Eicheln) füllen, die du hier im Wald findet. Du darfst die Sachen in den Rahmen legen und natürlich auch die Umrandung, z. B. mit Stöcken schön gestalten."

Das Sammeln und Suchen ist bei diesem Spiel ebenso wichtig, wie das Waldkunstwerk an sich. Die Zeit, die die Kinder benötigen, sollte nicht festgelegt, sondern individuell angepasst werden, denn beim Suchen der Materialien im Wald gibt es sehr viel zu entdecken.

Tipp: Wie bei allen Waldspielen gilt hier auch die Regel „Wir bleiben in Sicht- und Hörweite". Sollte die Gruppe ausschließlich aus jüngeren Kindern bestehen (unter drei Jahren), empfiehlt es sich, dass ein Betreuer sich als Spielpartner einbringt.

3.1.3 Umarme einen Baum

Die Kinder suchen sich verschiedene Bäume im Wald und versuchen diese zu umarmen. Manche Pflanzen sind so schmal, dass sie es alleine schaffen. Andere Bäume haben einen sehr dicken Stamm, so dass die Umarmung nur mit mehreren Kindern gelingt.

- **Spielort:** Wald
- **Gruppengröße:** Gruppen-, Partner und Einzelspiel
- **Förderbereich:** Kooperation, Erforschung der Natur, Kommunikation, Selbsteinschätzung
- **Material:** ohne

Vorbereitung: Der Spielleiter macht sich mit dem Lied vertraut.
Spielablauf: An einem schönen Platz im Wald versammelt sich die Gruppe und hört gespannt zu, was Herr Rotfuchs über die vielen verschiedenen

Bäume erzählt. **Impuls:** „Mein Freund Max Maus sagt, im Wald ist es ganz langweilig. Alle Bäume sehen gleich aus. Kinder, stimmt das? Wer von euch sieht verschiedene Bäume?"

Nachdem die Kinder erzählen durften, was sie im Wald sehen, wird als Übergang das Fingerspiel eingesetzt.

Spiellied „Was müssen das für Bäume sein"
Was müssen das für Bäume sein,
wo die großen Elefanten spazieren geh'n,
ohne sich zu stoßen?
Rechts sind Bäume, links sind Bäume
und dazwischen Zwischenräume,
wo die großen Elefanten spazieren geh'n,
ohne sich zu stoßen!
(www.labbe.de/liederbaum/index.asp?themaid=22&titelid=795. 7.1.2021)

Der Spielleiter kann das Lied individuell mit seinen Händen begleiten, indem er die Handlungen im Text durch Bewegungen nachstellt (z.B. die Hände nach oben strecken bei „großen Elefanten", „links, rechts und Zwischenräume" mit dem jeweiligen Arm aufzeigen und bei „Elefant" einen Elefantenrüssel darstellen.

Die Gruppe macht sich nach dem Lied auf den Weg, um viele unterschiedliche Bäumen zu erkunden. Sie unterscheiden sich nicht nur in Höhe und Rindenstruktur, alle haben einen unterschiedlichen Umfang.

An jedem Baum stellt sich die Frage: Wie viele Kinder müssen sich gemeinsam an die Hände fassen, um den Baum umarmen zu können? Gemeinsam wird es an vielen verschiedenen Bäumen ausprobiert. Zuletzt wird der dickste Baum im Wald gesucht. **Impuls:** Herr Rotfuchs fragt die Kinder: „Sind die Bäume überall gleich dick?"

Zum Ende des Spiels kann eine Reflexion erfolgen. Verschiedene Themen

Abb. 29: Kinder umarmen einen Baum

können angesprochen werden, z. B. könnte erläutert werden, warum die älteren Bäume dickere Stämme haben.
Tipp: Dieses Spiel ist auch für gemischte Altersgruppen gut geeignet. Ältere Kinder können die Jüngeren in das Spiel integrieren.

3.1.4 Baumgesichter

Bei diesem Spiel dürfen die Kinder den Bäumen ein Gesicht geben, von zauberhaft mystisch bis fröhlich, jeder Baum wird anders aussehen. Baumgesichter lassen sich in verschiedene Themen integrieren (z. B. Märchen, Gefühle etc.).

- **Spielort:** Wald
- **Gruppengröße:** Gruppen-, Partner- und Einzelspiel
- **Förderbereich:** Kreativität, Geduld, Kommunikation, taktile Wahrnehmung, materiale Erfahrung
- **Material:** Mehlkleber (ungiftig, Rezept siehe unten)fertig angerührt oder Material dafür, kleine Behälter für jede Gruppe zum Abfüllen des Kleisters, feuchte Waschlappen in Dose oder Tüte verstaut zum Reinigen der Hände, evtl. Gefühlssteine (in der Natur gesammelte flache Steine, die auf der einen Seite ein fröhliches und auf der anderen Seite ein trauriges Gesicht mit Hilfe eines Stifts bekommen)

Vorbereitung: Zuerst wird der Mehlkleber gemeinsam mit den Kindern angerührt (Rezept s. u.) und in einer Schüssel aufbewahrt. Dies muss nicht im Wald geschehen.
Spielablauf: Die Gruppe versammelt sich an einem schönen Ort und Herr Rotfuchs kann mit Geschichten und Fragen das geplante Thema einleiten.

Sollte das Thema „Märchen“ sein, so kann Herr Rotfuchs die Kinder fragen, welche Märchen sie schon kennen. Alternativ wird das Märchen vom Spielleiter vorgegeben, da es z. B. schon seit längerer Zeit Thema im Sitzkreis war. **Impuls:** „Heute dürft ihr die Silbertaler, die im Sterntaler-Märchen vom Himmel gefallen sind, an den Bäumen darstellen.“

Eine Einführung zum Thema „Gefühle“ durch Herrn Rotfuchs könnte so aussehen: **Impuls:** „Wie fühlst du dich heute? Bist du fröhlich, weil du mit deinen Freunden spielen darfst? Oder bist du traurig, weil du deinen Teddy zuhause vergessen hast?“ Das Thema Gefühle kann zuerst mit Bildern oder Gefühlssteinen angeleitet werden (fröhlicher Mund, trauriger Mund). Herr Rotfuchs ruft den Kindern zu: „Heute dürft ihr den Bäumen im Wald ein Gesicht geben und euch überlegen, wie sie sich fühlen.“

Im Anschluss an die Einleitung im Sitzkreis teilt der Spielleiter die Kinder je nach Alter und Gruppengröße zu jeweils drei bis fünf Kindern ein. Er beginnt das Spiel, indem er sich etwas Mehlkleister (ca. eine Handvoll) nimmt und einem Baum ein trauriges oder fröhliches Gesicht gibt. Im Anschluss dürfen die Kinder erraten, um welches Gefühl es sich handelt.

Jede Gruppe bekommt nun eine kleine Menge Mehlkleber und sucht sich einen Baum. Der Teig darf an der Rinde befestigt und im Anschluss mit gesammelten Naturmaterialien verziert werden. Nachdem alle Kinder fertig sind, darf jede Gruppe ihr Baumgesicht vorstellen.

Abb. 30: Baumgesicht

Rezept für Mehlkleber

1 kg Mehl, eine Handvoll Salz und etwas Wasser.

Das Mehl wird mit dem Salz in einer großen Schüssel verrührt. Langsam wird das Wasser dazugegeben, bis die gewünschte Festigkeit erreicht ist. Der Mehlkleber sollte eine ähnliche Konsistenz wie Knete haben. Dieser kann auch ein paar Tage im Kühlschank in einem verschlossenen Behälter aufbewahrt werden.

Tipp: Sollte der Mehlkleber nicht gut haften, muss noch etwas Salz dazugegeben werden. Auf trockenen Bäumen haftet der Kleber besser als auf nassen. Spannend ist es auch auszuprobieren, wie unterschiedlich gut die Haftkraft auf verschiedenen Rindenstrukturen ist.

Im Wald stören die Baumgesichter voraussichtlich niemanden. An Orten, an denen sich viele Menschen aufhalten (z. B. in Parks) sollte vorab eine Genehmigung eingeholt werden. Die Materialien sind auch für Tiere ungiftig (daher bitte nur wenig Salz verwenden!) und werden innerhalb weniger Wochen vom Regen langsam wieder entfernt.

Da der Mehlkleber mit den Händen aufgetragen wird, ist es sinnvoll, einige feuchte Waschlappen (in einer Tüte oder Dose verstaut) mit in den Wald zu nehmen.

Bei jüngeren Kindern (unter drei Jahren) empfiehlt sich, gemeinsam die Gesichter anzufertigen. Einigen Kindern ist es unangenehm, den Kleister zu berühren. Dennoch können auch diese Kinder aktiv sein, da reichlich Material gesammelt werden muss. Außerdem werden kluge Köpfe benötigt, die der Gestalt einen Namen geben können.

3.1.5 Im Blätterdach laufen

Bei diesem Spiel wird die Welt mit Hilfe eines Spiegels auf den Kopf gestellt und geschaut, wie prachtvoll das Blätterdach aus einer anderen Perspektive erscheint.

- **Spielort:** Wald
- **Gruppengröße:** Partner- und Gruppenspiel
- **Förderbereich:** Konzentration, visuelle Wahrnehmung, Raumorientierung
- **Material:** ein kleiner Handspiegel, bei Gruppen ggf. ein Seil

Vorbereitung: Es ist keine weitere Vorbereitung erforderlich.
Spielablauf: An einem schönen ruhigen Platz im Wald kann gemeinsam besprochen werden, wie es anderen Tieren an diesem Ort ergeht. Herr Rotfuchs leitet das Spiel ein. **Impuls:** „Sehen wohl alle das Gleiche wie wir? Oder kann es sein, dass ein kleiner Käfer etwas ganz anderes sieht als ein großes Reh? Was erkennt wohl ein Eichhörnchen oder ein Vogel hoch oben im Baum?"

Abb. 31: Kind mit Spiegel

Je nach Gruppengröße und Alter werden die Kinder aufgeteilt. Sind es sehr junge Kinder, ist es ratsam, dass der Spielleiter die Kleinen an die Hand nimmt und langsam unter den Bäumen entlang führt. Das Kind wird aufgefordert, den Spiegel unter das Gesicht/Kinn zu halten und hinein zu schauen. Der Spiegel sollte so gehalten werden, dass das Blätterdach gut zu erkennen ist. Hierbei darf der Spielleiter gerne behilflich

sein. Spaß macht es, den Spiegel immer etwas zu verändern, z. B. abwechselnd höher oder tiefer zu halten. Es ist spannend, wie sich dadurch auch die Perspektive verändert.
Variation: Sind die Kinder schon etwas älter, können sie sich gerne auch gegenseitig führen. Außerdem ist es möglich, dass der Gruppenleiter ein Seil in der Hand hält, an dem sich alle Kinder mit einer Hand festhalten. In der anderen halten sie den Spiegel. Der Spielleiter kann dadurch mehrere Kinder auf einmal mitnehmen, ohne dass lange Wartezeiten entstehen.

3.1.6 Rinden-Rubbelbilder

Die Kinder suchen sich einen beliebigen Baum und erstellen mit Hilfe eines Blatts und Wachsmalstiften ein eigenes Bilderkunstwerk.

- **Spielort:** Wald
- **Gruppengröße:** Einzelspiel
- **Förderbereich:** Farben lernen, Feinmotorik, taktile Wahrnehmung, Wissensvermittlung Baum
- **Material:** verschiedene Stifte (z. B. Wachsmalstifte oder Buntstifte), Papier und Klebeband

Vorbereitung: Es ist keine weitere Vorbereitung erforderlich.
Spielablauf: Auf dem Weg in den Wald können die vielen verschiedenen Farben der Natur betrachtet werden. Herr Rotfuchs hat dazu eine gute Spielidee, seine Lieblingsfarbe ist grün. **Impuls:** „Ich sehe was, was du nicht siehst und das ist grün.“ Das Kind, welches das Objekt als erstes errät, ist als nächstes an der Reihe.

Im Wald darf sich jedes Kind einen Baum aussuchen. An der Rinde befestigt der Spielleiter mit Hilfe des Klebebandes das Papier in Höhe des Kindes. Jetzt kann der kleine Künstler mit beliebigen Farben das Rindenbild gestalten. Dazu sollte der Wachsmalstift quer gehalten werden, damit das Papier an unebenen Stellen nicht zerreißt.

Nachdem alle Kinder ein Bild gemalt haben, sagt Herr Rotfuchs: „Schaut euch mal eure Bilder

Abb. 32: Rinden-Rubbelbild

an, sie haben alle ein anderes Muster. Fasst doch mal mit euren Händen die Rinde der Bäume an, fühlt sie sich unterschiedlich an?" Gemeinsam werden die verschiedenen Bäume angesehen, die Rinden wird mit den Händen gefühlt. Sie unterscheiden sich in Größe, Farbe, Form und Struktur. Auf den Bildern ist dieses später besonders gut zu erkennen. Spannend ist es, an verschiedenen Bäumen (Eiche, Birke, Kiefer etc.) Rindenbilder zu erstellen und sie im Anschluss zu vergleichen.

Abb. 33: Kinder malen einen Baum an

Variation: Besonders anschaulich ist es, wenn noch ein Blatt, evtl. ein Stück Rinde oder bereits der Name des Baums mit auf jedes Bild geklebt, bzw. geschrieben wird.

Sollte ein alter Baumstamm in der Nähe liegen (ohne Rinde) können die Kinder, die warten oder schon fertig sind, sich kreativ austoben und den Baum bunt mit Straßenkreide gestalten.

3.1.7 Waldbingo

Die Kinder machen sich mit einer Waldbingo-Schachtel auf die Suche nach den abgebildeten Naturmaterialien.

- **Spielort:** Wald
- **Gruppengröße:** Gruppen-, Partner- und Einzelspiel
- **Förderbereich:** Sammeln und Sortieren, Auge-Hand-Koordination, Entwicklung von räumlichem und logischem Denken
- **Material:** ein Eierkarton, beklebt mit individuellen Waldbingokärtchen

Waldbingokarten können entweder individuell gestaltet, oder im Internet kostenlos heruntergeladen werden (z.B. unter www.waldkindergarten-berglen.de/wp-content/uploads/2020/03/Waldbingo-Vorlage-1.pdf. 7.1.2021). Sollten die Bingokärtchen selbst gedruckt oder gemalt werden, kann vorab geschaut werden, welche Naturmaterialien am Spielort zu finden sind (z.B. Kastanien, Blätter, Eicheln, leere Schneckenhäuser, Rinde, kleine Steinchen, Moos etc.). In eine Waldbingoschachtel kommen mehrere Kärtchen mit Gegenständen, die sich am Spielort im Wald finden lassen.

Vorbereitung: Vor Spielbeginn sollten die Waldbingoschachteln vorbereitet werden. Damit ausreichend viele vorhanden sind, sollten maximal vier Kinder für eine Schachtel eingeplant werden. Der Spielleiter muss sich bei der Erstellung und Auswahl der Kärtchen vor Ort über die dort vorhandenen Naturmaterialien informieren.

Spielablauf: Herr Rotfuchs zeigt den Kindern zu Beginn die Waldbingoschachteln und leitet das Spiel mit einer Frage ein. **Impuls:** „Kennt ihr die Dinge, die hier abgebildet sind? Habt ihr so etwas schon einmal gesehen und eine Idee wo ihr das finden könnt?"

Abb. 34: Waldbingo

Nachdem der Spielleiter die Schachteln verteilt hat, schauen sich die Kinder die Symbole (Naturmaterialien) darauf an. Im Anschluss machen sich alle gemeinsam auf die Suche, um die abgebildeten Materialien zu suchen. Entweder gibt der Spielleiter einen Weg durch den Wald vor, oder ein bestimmter Radius wird besprochen (in Sicht- und Hörweite) oder markiert.

Am Ende des Spiels soll die Schachtel gefüllt sein mit allen abgebildeten Materialien.

Variation: Eine weitere Spielregel für ältere Kinder (ab 3,5 Jahre) ist, die Dinge an die richtige Stelle zu sortieren. Die Reihenfolge ist auf die Innen- oder Außenseite des Kartons gedruckt. Dies ist eine knifflige Aufgabe, die viel Konzentration benötigt. Ältere Kinder dürfen den Kleinen beim Sortieren behilflich sein.

3.1.8 Barfußpfad

Alle Kinder legen gemeinsam im Wald einen Barfußpfad mit verschiedenen Materialien an.

- **Spielort:** Wald
- **Gruppengröße:** Gruppenspiel
- **Förderbereich:** Sammeln und Sortieren, Kreativität, Gruppendynamik, taktile Wahrnehmung, materiale Erfahrung
- **Material:** ohne

Vorbereitung: Der Spielleiter sucht einen etwas geschützten, abgelegenen Bereich des Waldes, an dem ein solcher Barfußpfad nicht sofort durch zu viel Spaziergänger wieder zerstört würde, denn die Kinder möchten oft am nächsten Tag mit der Gruppe oder mit ihren Eltern zum Pfad zurückkehren.
Spielablauf: Herr Rotfuchs erklärt den Kindern, was er heute mit Ihnen machen möchte. Impuls: „Wer von euch hat schon einmal einen Barfußpfad gesehen?" Mithilfe einer Bildkarte erklärt er den Kindern wie ein Pfad aussehen könnte und welche Naturmaterialien geeignet sind.

Nachdem der ausgesuchte Platz für den Pfad im Wald erreicht wurde, dürfen die Kinder zuerst die Materialien sammeln. Jedes Kind sucht sich etwas aus, was es gerne in den Barfußpfad integrieren möchte. Gemeinsam mit Herr Rotfuchs wird geschaut, um welche Materialien es sich handelt. **Impuls:** „Was ist das? Wie könnte es sich anfühlen, wenn wir mit nackten Füßen darüber gehen?"

Abb. 35: Barfußpfad

Als Erstes wird die Umrandung gebaut, dafür eignen sich etwas dickere Äste. Dazwischen können beliebig viele Felder befüllt werden. Wenn alle Kinder Naturmaterialien gesammelt haben, geht es ans Sortieren. Nach gemeinsamer Absprache können die Materialien in die verschiedenen „Fächer“ sortiert werden.

Wenn der Barfußpfad vollständig mit Materialien ausgelegt ist, kann es losgehen. Die Socken werden ausgezogen, um die verschiedenen Naturschätze unter den Füßen zu spüren.

Nach dem ersten Ausprobieren des Barfußpfades kann eine kurze Reflexion mit einem **Impuls** von Herrn Rotfuchs eingefügt werden: „Ich mag am liebsten am liebsten das weiche Moos! Bei manchen Dingen traue ich mich noch nicht… Pieksige Äste oder harte Steine? Vielleicht schaffe ich das gleich…“

Tipp: Für den Barfußpfad eignen sich besonders Rinde, kleine Steine, Äste, Moos und Laub. Es werden nur Materialien gesammelt, die auf dem Boden liegen. Bitte keine Pflanzen abknicken oder pflücken! Der Barfußpfad muss nicht wieder entfernt werden, da es sich ausschließlich um Naturmaterialien handelt. Ein Barfußpfad kann auch auf Grünflächen oder im Garten angelegt werden. Dort kann man ihn mit einer Umrandung (z. B. alten Ziegeln oder Findlingen) zur Umgebung abtrennen.

Variation: Für ältere Kinder gibt es noch eine Herausforderung. Nachdem sie barfuß ein paarmal den Pfad durchschritten haben, werden sie mit geschlossenen Augen geführt. Am Anfang des Barfußpfads gibt der Spielleiter dem Kind (mit geschlossenen Augen) eines der Materialien aus den Feldern in die Hand. Nun darf es das Material mit den Händen ertasten und sich auf den Weg machen. Wenn das Kind das gleiche Material, was es in den Händen hält, mit den Füßen spürt, bleibt es stehen, öffnet die Augen und vergleicht das Material in den Händen mit dem unter den Füßen.

3.1.9 Waldmobile / Windspiel

Die Kinder sammeln im Wald verschiedene Naturmaterialien, aus denen im Anschluss ein individuelles Mobile gebastelt wird.

- **Spielort:** Wald
- **Gruppengröße:** Gruppen-, Partner- und Einzelspiel
- **Förderbereich:** Kreativität, Sammeln und Suchen, visuelle Wahrnehmung
- **Material:** ein Sammelgefäß pro Kind (Tasche, Eimer, Korb, Kiste…) feste Schnur, ggf. Fingerfarbe und Akkuheißklebepistole

Vorbereitung: Der Spielleiter kann ein eigenes Waldmobile oder eine Bildkarte davon als Beispiel vorbereiten für den Fall, dass die Kinder sich nicht vorstellen können, was erstellt werden soll.

Spielablauf: Herr Rotfuchs erzählt den Kindern, welche Naturmaterialien er am liebsten mag. **Impuls:** „Ich liebe Blätter, Eicheln, Kastanien, Zapfen und kleine Äste." Da es sehr viele sind, hat er die Idee, aus allen ein wunderschönes Mobile (Bildkarte zeigen) zu basteln. Jedes Kind bekommt einen Eimer oder eine Tasche, um die Naturmaterialien für das Mobile transportieren zu können.

Alle Kinder dürfen sich im Wald beliebige Naturschätze suchen. Das Einzige, was nicht fehlen sollte, ist ein Ast. An dem werden später die Fäden für die Naturschätze befestigt. Alles weitere kann individuell gesammelt werden, wie z. B. Blätter, Zapfen, Äste, Steine und Federn. An einem vereinbarten Treffpunkt, darf jedes Kind seine gesammelten Naturschätze vorstellen. Im Anschluss wird mit Hilfe des Spielleiters gebastelt, gemalt und geklebt. Die gesammelten Schätze werden mit Fäden am Ast befestigt. Beim Basteln wird die Hilfe eines Erwachsenen benötigt.

Abb. 36: Waldmobile

Das Mobile kann am Schluss aus dem Wald mitgenommen werden: So lässt sich ein Stück Natur ins Haus holen. Auch in den großen Bäumen im Garten wirkt es sehr dekorativ.

3.1.10 Waldschaukel

Die Kinder bauen gemeinsam mit dem Spielleiter eine Schaukel im Wald auf.

- **Spielort:** Wald
- **Gruppengröße:** Partner- und Gruppenspiel
- **Förderbereich:** vestibuläre Wahrnehmung (Gleichgewicht), materiale Erfahrung, Selbsteinschätzung
- **Material:** ein Statikseil zum Spannen zwischen den Bäumen (5–6 Meter), zwei Statikseile zum Befestigen der Schaukel / Ast (je 3 Meter), zwei Karabinerhaken, Baumschutz, ggf. Schaukel oder Hängematte

Abb. 37: Waldschaukel

Vorbereitung: Der Spielleiter sucht im Vorfeld zwei geeignete Bäume für dieses Vorhaben aus. Wichtig ist, dass die Bäume ca. 2 – 4 Meter (ja nach Seillänge) auseinander stehen. Je länger die Differenz zwischen den Bäumen ist, desto mehr Spannung muss auf das Seil gebracht werden, damit dieses später nicht durchhängt. Wenn zwei Bäume in die engere Wahl kommen, muss überprüft werden, ob die Stämme stabil genug sind. Sicherheitshalber wird mit einem Blick nach oben geprüft, ob Äste abgestorben oder abgebrochen sind, dann könnte auch ein solide erscheinender Baum morsch und nicht tragfähig sein. Ein Blick nach unten dient zur Überprüfung, ob keine Steine, Wurzeln und Äste herausragen. Diese würden beim Schaukeln eine Gefahr darstellen, da die Kinder mit den Füßen hängen bleiben könnten, oder sich ggf. an dem Gegenstand verletzen. Sind alle Vorsichtsmaßnahmen getroffen, kann der Aufbau beginnen. Wichtig zum Schutz der Bäume ist, dass ein Baumschutz (z. B. ein Stück Isomatte) zwischen Seil und Rinde geklemmt wird.

Befestigung: Der Spielleiter macht sich zuvor mit der Befestigungstechnik vertraut. Er trägt auch Sorge dafür, dass ausreichend Baumschutzmaterial zur Verfügung steht, damit an den Bäumen kein Schaden entsteht.

Um ein Seil fest und stabil zwischen zwei Bäumen zu befestigen, verwendet man die Spann-Wickeltechnik. Zuerst wird das Seil um den ersten (rechten) Baum gelegt und mit einem Zimmermannsknoten (Abb. 38 und 39) befestigt.

Abb. 38: Zimmermannsknoten 1

Abb. 39: Zimmermannsknoten 2

Wichtig dabei ist, dass die Seilwicklungen einige Male am Baum anliegen (ca. 6 Wicklungen). Das ist die Voraussetzung, damit das Seil fest gespannt werden kann. Am Seilende sichert ein einfacher Knoten das Durchrutschen.

Abb. 40: Spann-Wickeltechnik 1

Abb. 41: Spann-Wickeltechnik 2

Abb. 42: Spann-Wickeltechnik 3

Abb. 43: Spann-Wickeltechnik 4

Zur Befestigung am zweiten (linken) Baum eignet sich ebenfalls die Spann-Wickeltechnik. Das Seil wird dazu auf Spannung um den zweiten Baum (links herum) gelegt.

Der hintere Teil des Seils wird über den langen Teil des Seils gelegt(also das Seilstück, das vom anderen Baum kommt)und kräftig in Richtung Stamm gezogen.

Zum Befestigen des Seils wird das Seilende über das gespannte Seil gelegt und durch die Mitte zurückgezogen. Dabei sollte die linke Hand die Spannung halten.

Am Seilende wird nochmal kräftig gezogen, damit das Seil auf Spannung ist.

Diesen Vorgang bitte 3–4 Mal wiederholen.

Sämtliche Schaukeln lassen sich mit dem „Ankerstich" (Abb. 44) oder den Karabinern einfach am gespannten Seil befestigen.

Konkretere Anleitungen mit Fotos und Informationen zu sämtlichen Seilkonstruktionen in der Natur gibt es im Buch „Schaukelfee & Klettermax" (Schwarzer 2011). Anschaffung der Materialien: Die einmalige Anschaffung der benötigten Seile (für eine einfache Schaukel) liegt bei ca. 150–200 € im Outdoorshop.

Unterstützt werden kann das Schaukeln mit einem Lied. Auch damit sollte sich der Spielleiter zuvor vertraut machen.

Tipp: Mit etwas Glück bekommt man die Statikseile kostenlos oder gegen eine kleine Spende, bei der Feuerwehr oder in einem Klettergarten. Beide Institutionen müssen die Seile nach einem bestimmten Zeitraum austauschen. Für eine Waldschaukel eignen sie sich trotzdem (sofern sie heile sind) optimal.

Es empfiehlt sich, den Aufbau die ersten Male alleine (bzw. ohne eine Kindergruppe) durchzuführen. So kann sichergestellt werden, dass der Aufbau ohne Probleme gelingt und das gesamte Konstrukt hält, was es verspricht.

Abb. 44: Schaukel mit Ankerstich

Schaukellied „Wickie“
Komm mit auf die Schaukel und lerne von ihr fliegen.
Dann wirst du versteh'n: Die Welt ist schön!
Lass dich von der Schaukel durch die Lüfte wiegen.
Du wirst mich versteh'n: Die Welt ist schön!
Frei wie ein Vogel, ein kleiner Vogel, fliegen wir allen davon.
Wir steigen höher, immer noch höher, leicht wie ein Luftballon …
(Meier / Sarholz 1997)

Spielablauf: Da bei Kleinkindern nicht davon ausgegangen werden kann, dass sie beim Aufbau wichtige Hilfe leisten, können sie aber vielleicht dazu angeleitet werden, Seile zu halten, die Schaukel z. B. mit ihren Kuscheltieren als „Besatzung“ zu testen o. ä.. Anschließend geht es um freies Schaukeln unter Beachtung der nötigen Sicherheitsaspekte.
Variation: Schaukeln macht Erwachsenen genau so viel Spaß wie Kindern. Nur leider bietet sich selten die Gelegenheit, da klassische Schaukelelemente eher für Kinder ausgelegt sind. Mit der individuellen Waldschaukel sind der Kreativität keine Grenzen gesetzt. Bei Erwachsenen sorgt das Schaukeln für Entspannung, es ist eine kleine Auszeit, um einfach mal die Seele baumeln zu lassen.

3.1.11 Walddetektive

In diesem Spiel sind die Kinder Detektive, die herausfinden müssen, welche Dinge in den Wald gehören und welche nicht.

- **Spielort:** Wald
- **Gruppengröße:** Gruppen-, Partner- und Einzelspiel
- **Förderbereich:** Wissensvermittlung Wald, visuelle Wahrnehmung
- **Material:** verschiedene Dinge aus dem Haushalt oder Spielsachen, z.B. ein Schwamm, Lego, Zahnbürste, Wäscheklammer, eine Puppe etc., eine Schnur zum Befestigen

Vorbereitung: Zuerst muss der Spielleiter die ausgesuchten Dinge im Wald verteilen. Das Versteck kann entweder auf dem Boden sein oder mit einer Schnur, z.B. an einem Ast befestigt werden. Wenn es genügend Betreuer gibt, kann jemand das erledigen, während der Spielleiter mit den Kindern die Einführung zum Spiel gibt.

Abb. 45: Walddetektivin

Spielablauf: Bevor das Spiel beginnt, versammeln sich alle Kinder um Herrn Rotfuchs und erzählen ihm, was es alles im Wald zu entdecken gibt. Hierbei fällt bestimmt jedem etwas ein, wie z.B. Tiere, Blätter, Äste etc.. Herr Rotfuchs berichtet, dass in diesem Wald etwas nicht stimmt, da er dort viele komische Dinge gesichtet hat, die noch nie zuvor da waren. **Impuls:** „Liebe Kinder, ihr seid die Walddetektive. Macht euch auf die Suche und sammelt alles ein, was nicht in die Natur gehört."

Nachdem sich alle Kinder wieder am Treffpunkt versammelt haben, dürfen alle Kinder die Dinge aufzählen, die sie im Wald gefunden haben.

Tipp: Es ist sinnvoll, genauso viele Dinge im Wald zu verstecken, wie Kinder mitmachen. Jeder darf eine Sache suchen und mitnehmen, so geht keiner leer aus. Alle Kinder bleiben (wie gewohnt) in Sicht- und Hörweite.

3.1.12 Kleine Naturforscher

Bei diesem Spiel finden die Kinder heraus, welche Tiere im Wald leben. Häufig denken alle zuerst an große Tiere, wie z. B. Rehe, Eichhörnchen und Vögel. Dieses Spiel zeigt uns, dass noch sehr viel mehr Leben im Wald ist, dem wir vielleicht viel zu wenig Beachtung schenken – bis jetzt.

- **Spielort:** Wald
- **Gruppengröße:** Einzelspiel
- **Förderbereich:** visuelle Wahrnehmung, Konzentration, Wissensvermittlung Insekten
- **Material:** für jedes Kind eine Lupe

Vorbereitung: Für dieses Spiel wird nur ein kleiner Aktionsradius benötigt. Es genügt ein Baumstamm auf dem Boden oder eine Ansammlung von Hölzern. So ein Ort kann in der Regel ohne vorherige Ortsbegehung rasch gefunden werden.

Spielablauf: Jedes Kind bekommt eine Lupe und setzt sich gemütlich auf den Waldboden. Jetzt wird das Umfeld erkundet. Es ist erstaunlich, wie viele unterschiedliche Insekten auf kleinstem Raum auf dem Boden, unter Ästen und Laub entdeckt werden können.

Kinder benötigen Zeit, um den Umgang mit der Lupe zu erlernen. Sie sollen die Möglichkeit haben, zu experimentieren, um herauszufinden, wie sie die Lupe halten müssen, damit der Gegenstand größer erscheint. Nachdem jedes Kind ausreichend Zeit hatte, das Umfeld zu erkunden, dürfen sie Herrn Rotfuchs berichten, welche Tiere sie entdeckt haben.

Abb. 46: Kinder mit Lupe

Tipp: Bitte zu Beginn des Spiels noch einmal daran erinnern, dass auch die allerkleinsten Tierchen Lebewesen sind und wir sie deshalb nicht berühren, sondern nur anschauen. Der Umgang mit der Lupe braucht Ruhe zum Fokussieren, dazu haben die Kinder unterschiedlich viel Geduld. Es kann sein, dass schon nach wenigen Minuten die ersten Kinder mit der Beobachtung fertig sind. Ein Übungsleiter bleibt am

Treffpunkt sitzen, hier können sich dann alle, die schon fertig sind, wieder versammeln. Somit werden die anderen Kinder nicht gestört. Der andere Spielleiter bleibt bei den Forschern.

Es empfiehlt sich, vorab ein aktives Spiel einzubeziehen, somit wird die Begeisterung geweckt, Energie freigesetzt und die Konzentration gesteigert.

Bewegungsgeschichte „Ameisen“
Ameisen laufen hin und Ameisen laufen her,
Ameisen fällt das gar nicht schwer.
Ameisen laufen auf und Ameisen laufen ab,
Ameisen sind niemals schlapp.
Ameisen laufen rundherum,
Ameisen fallen müde um.
(Alle Kinder laufen umher, bei „Ameisen fallen müde um“ lassen sich alle auf den Boden fallen.)
(mündlich überliefert)
(www.herder.de/kk/praxisimpulse/spiele/fingerspiele-fruehling)

3.1.13 Wer findet den Partner?

Bei diesem Spiel werden einige Naturmaterialien vom Spielleiter unter einem Tuch versteckt. Nachdem die Kinder nur kurz die Materialien begutachten dürfen, müssen sie im Anschluss etwas Gleichartiges („den Partner“) im Wald suchen.

- **Spielort:** Wald
- **Gruppengröße:** Gruppen-, Partner- und Einzelspiel
- **Förderbereich:** Konzentration, visuelle Wahrnehmung, Merkfähigkeit
- **Material:** ein Tuch, um die Schätze zu verstecken

Vorbereitung: Der Spielleiter sammelt einige Naturschätze, die am konkreten Ort mehrfach vorhanden sein müssten und versteckt sie unter einem Tuch.
Spielablauf: An einem schönen Platz im Wald versammelt sich die Gruppe um das Tuch. Um das Spiel einzuleiten, kann Herr Rotfuchs die Kinder fragen, was es an diesem besonderen Ort zu entdecken gibt. **Impuls:** „Schau dich mal um. Was hast du besonders gerne? Und warum magst du es so gerne?“ Jedes Kind darf von seinem Lieblings-Natur-Schatz berichten und versucht zu

erklären, warum dieser ihm wertvoll erscheint: „Ich mag am liebsten Stöcke, daraus kann ich etwas bauen" oder „Ich sammle immer Eicheln oder Kastanien, meine Oma bastelt daraus kleine Elfen." Der Spielleiter erzählt den Kindern, dass aus Naturschätzen nicht nur etwas Schönes gebaut werden kann. Auch das Spiel „Wer findet den Partner?" lässt sich im Wald gut spielen. Wenn alle Kinder ihre Konzentration auf das Spiel gerichtet haben, nimmt der Spielleiter das Tuch hoch (für ca. 30 sec.) und fordert alle Kinder auf, sich die Naturmaterialien zu merken. Im Anschluss werden die Naturmaterialien wieder zugedeckt und die Kinder dürfen sich auf den Weg machen (in Sicht- und Hörweite), um die jeweiligen Partner zu suchen. Gemeinsam wird am Treffpunkt geschaut, ob alle Dinge da sind oder ob noch etwas fehlt.

Tipp: Dieses Spiel ist sehr flexibel zu verwenden und kann auch spontan eingesetzt werden, wenn der Spielleiter – wie stets angeraten – auch ein Tuch im Rucksack hat.

Abb. 47: Kind sucht Zapfen

Variation: Es werden verschiedene Naturmaterialien unter dem Tuch versteckt. Wenn die volle Aufmerksamkeit vorhanden ist, wird das Tuch hochgenommen und die Kinder werden dazu aufgefordert, sich die Dinge zu merken. Im Anschluss schließen alle die Augen oder drehen sich um. Währenddessen nimmt der Spielleiter ein Naturmaterial weg. Alle Kinder dürfen wieder hinschauen und müssen herausfinden, welches fehlt.

3.1.14 Waldhütte / Waldsofa

Als gemeinsamer Treffpunkt ist ein Waldsofa oder eine Waldhütte ideal. Um dieses zu errichten, müssen die Kinder viele Stöcke sammeln und diese anschließend kreativ verbauen. Eine Waldhütte ist ein kleiner und kuscheliger Ort für Kinder. Für Erwachsene ist es doch meistens sehr eng. Sollte der Treffpunkt ausreichend Platz für alle bieten, empfiehlt sich ein Waldsofa. Dort können auch die Taschen der Kinder verstaut werden und es ist genügend Platz für ein schönes Picknick und für gesammelte Waldschätze.

- **Spielort:** Wald
- **Gruppengröße:** Gruppenspiel
- **Förderbereich:** Bauen und Konstruieren, Kommunikation, Kreativität, Geschicklichkeit, materiale Erfahrung
- **Material:** feste Bänder (z.B. Bast) zum Befestigen der Stöcke, evtl. ein großes Bettlaken oder eine Plane, um die Höhle besser zu schützen

Kinderlied „Zwei kleine Wölfe“
Zwei kleine Wölfe gehen des nachts im Dunkeln,
man hört den einen zu dem andern munkeln:
Warum geh'n wir denn immer nur des nachts herum?
Man tritt sich an den Wurzeln ja die Pfoten krumm ...
(Mündlich überliefert)
www.skanto.de/liederbuch/zweikleinewoelf.html. 13.1.2021

Abb. 48: Asttransport

Vorbereitung: Bevor es in die Bauphase geht, sollte überlegt werden, an welcher Stelle die Hütte errichtet werden soll. Eine weitere Überlegung ist, ob die Waldhütte wie ein Tipi gebaut wird oder ob ein Waldsofa (ggf. mit Plane) geeigneter ist. Sicherlich haben die Kinder viele Ideen.

Spielablauf: Zuerst werden die Kinder gebeten, Äste und Stöcke sammeln. Hierbei ist jeder gefragt. Manche Kinder haben besonders viel Energie, sie dürfen ihre Kraft an den schweren und langen Ästen messen.

Zu Beginn der Bauphase werden für ein **Waldsofa** alle Stöcke in Hufeisenform angelegt. Somit finden nach Bauende bis zu 20 Kinder Platz und können sich gegenseitig anschauen. Je nach Bedarf wird das Waldsofa unterschiedlich hoch geschichtet. In der Mitte kann ein Tisch stehen, auf dem die gesammelten Schätze liegen können, Trinkflaschen oder benötigtes Material. Über dem Sofa kann eine Plane gespannt werden, die das Sofa vor Regen schützt.

Für eine **Waldhütte** werden die Äste hochkant an einen vorhandenen Baum gestellt, dieser dient als Mittelpunkt. Bei Bedarf kann im Anschluss ein altes Bettlaken oder eine Folie vor Wasser schützen. Während einige Kinder beschäftigt sind, das Waldsofa zu perfektionieren, können sich andere um die Details kümmern, wie z. B. Dekoration. Hierfür eignet sich ein Waldmobile (Kap. 3.1.9), Moos als Fußboden, Baumgesichter (Kap. 3.1.4) oder eine selbst gestaltete Eingangstür mit dem Namen der Gruppe.

Abb. 49: Waldhütte

Beide Projekte dauern häufig einige Wochen. Es macht Spaß zu beobachten, wie das Projekt wächst und sich alle Kinder mit ihren Ideen einbringen.

Natürlich benötigen die fleißigen Arbeiter gelegentlich eine Pause. Das ist eine gute Gelegenheit, das Lied von den beiden Wölfen zu singen.

Achtung: Werden Gegenstände mit einem Band befestigt, müssen diese so hoch sein, dass für Waldtiere (z. B. Rehe) keine Verletzungsgefahr besteht. Alternativ müssen die Befestigungen mit einem Karabiner versehen werden, so dass sie beim Verlassen des Walds schnell und unkompliziert abzunehmen sind.

3.1.15 Ein Besuch bei den Waldtrollen

Mit Hilfe von Seilen können die Kinder zwischen zwei Bäumen einen Eingang ins Land der Waldtrolle schaffen.

Märchen, Mythen und Fantasiegeschichten begeistern Kinder seit Generationen. Alle menschlichen Emotionen, wie z. B. Glück und Pech, Mut und Angst, sind in Fantasiefiguren vereint. Aus dem Grund fühlen sich Kinder mit ihnen verbunden, sie stiften eine gemeinsame Identität.

Dieses in eine beruhigende märchenhafte Geschichte eingebaute Spiel fußt auf der großen Bereitschaft von Kleinkindern zu magischem Wunschdenken und der Bedeutung der Fantasie für ihr Erleben, Fühlen und Verstehen. In der Traumwelt können sie aktiver gestalten und ursprünglicher erleben als in der Realität. Deshalb wird in diesem Spiel eine positive Märchenwelt (Land der Waldtrolle) angeboten.

- **Spielort:** Wald
- **Gruppengröße:** Gruppenspiel
- **Förderbereich:** Kreativität, Fantasie, Gefühlswahrnehmung, Koordination, Geschicklichkeit, materiale Erfahrung, Kommunikation, kinästhetische Wahrnehmung, Selbsteinschätzung
- **Material:** Seile (besonders gut eignen sich Springseile, diese sind flexibler als Statikseile)

Geschichte zum Wecken der Waldtrolle

„Guten Morgen, liebe Waldtrolle! Schlaft ihr noch? Dann wollen wir euch jetzt mal richtig wachmachen. Zuerst recken und strecken wir unsere Arme ganz weit nach oben, so hoch wir können. Dann beugen wir uns nach unten und berühren unsere Füße. Das ganze noch einmal, die Arme hoch in die Luft und wieder nach unten zu den Füßen. Jetzt strecken wir unsere Arme zur Seite, wie ein Flugzeug und drehen uns im Kreis, zweimal links herum und zweimal rechts herum. Als nächstes wecken wir unsere Beine. Wir schütteln erst das eine Bein ordentlich aus, dann das andere. Jetzt sind die Beine warm und wir hüpfen auf der Stelle, so hoch es geht. Ich sehe, dass eure Hände noch schlafen. Reibt sie aneinander, bis sie ganz warm werden, dann klatscht sie so laut ihr könnt zusammen. Zuletzt wecken die Waldtrolle ihr Gesicht. Sie streicheln sich sanft über die Wangen und über die Nase und reiben sich beide Augen. Jetzt sind sie richtig wach und bereit für ein neues Abenteuer."

Vorbereitung: Der Spielleiter sollte zweimal je drei – vier Seile vorab aneinanderknoten, so dass ein langes Seil entsteht. Sie bilden den oberen und unteren Faden des Spinnennetzes nach. Wahlweise können sehr lange Seile genutzt werden.

Spielablauf: Alle Kinder versammeln sich um Herrn Rotfuchs und hören, was dieser von den Waldtrollen zu berichten hat. Es muss auf jeden Fall etwas Positives sein, z. B. eine Geschichte, wie die winzigkleinen Trollen einem Kind geholfen haben o. ä.. Die Geschichten können frei erzählt werden, je nachdem welches Hauptthema für das Spiel geplant ist. Erst danach kann es mit dem **Impuls** weitergehen: „Kinder, möchtet ihr die Waldtrolle besuchen?

Dazu müssen wir ein Seil zwischen zwei Bäume spannen. Nur wer hindurch steigt, erreicht das Land der lieben Trolle."

Die Gruppe macht sich gemeinsam auf den Weg und sucht zwei Bäume, die nah aneinander stehen (Abstand ca. 2 – 4 m), um dort ins Trollland eintauchen zu können.

Zu Beginn des Spiels befestigt der Spielleiter das Seil an einem Baum. Die Kinder nehmen sich das lange Seil und legen es um den zweiten Baum. Indem sie immer wieder um beide Bäume laufen und das Seil kreuz und quer von oben nach unten (und umgekehrt) spannen, entsteht ein „Spinnennetz". Zum Ende muss der Gruppenleiter wieder mithelfen und das Seilende mit einem Knoten befestigen.

Alle Kinder stellen sich hintereinander und versuchen nun durch das „Spinnennetz" zu klettern, um zu den Trollen zu gelangen.

Impuls: Herr Rotfuchs fragt: „Könnt ihr die Eingänge der Trollhöhlen entdecken? Vielleicht da unten am Baumstamm, dort wo wir die großen Wurzeln sehen können?"

„Möchtet ihr die Waldtrolle gerne einmal sehen? Dann versuchen wir sie zu wecken. Vielleicht hören sie uns und machen mit." Alle Kinder stellen

Abb. 50: Spinnennetz Eingang Trollland

sich in einen Kreis. Der Spielleiter erzählt die Geschichte zum Wecken der Waldtrolle und macht gemeinsam mit den Kleinen die passenden Bewegungen.

Zum Verlassen des Trolllands ist es wichtig, das Ritual entgegengesetzt durchzuführen, um wieder zuhause in unserem Wald zu sein.

3.1.16 Wir dekorieren das Trollland

Die Kinder dürfen mit Naturmaterialien die Eingänge der „Trollhöhlen" dekorieren oder kleine Dinge für die Trolle herstellen. Ein Eingang zur Trollhöhle ist genau dort, wo die Kinder ihn verorten (evtl. an einer Baumwurzel), nicht dort, wo er nach Erwachsenenvorstellung sein sollte.

- **Spielort:** Wald
- **Gruppengröße:** Gruppen-, Partner- und Einzelspiel
- **Förderbereich:** Fantasie, kreativer Umgang mit Naturmaterialien, Kommunikation, Feinmotorik, Geschicklichkeit
- **Material:** ohne (evtl. Akku-Heißklebepistole, die allerdings nur von Erwachsenen bedient werden darf)

Vorbereitung: Es ist keine besondere Vorbereitung nötig außer der Präparierung des Durchgangs zum Trollland (entsprechend Kap. 3.1.15). Das Ritual des Übergangs in das Trollland sollte den Kindern bekannt sein.
Spielablauf: Herr Rotfuchs leitet das Spiel mit einer Frage ein. **Impuls:** „Gestern abend konnten die Trollkinder gar nicht einschlafen, sie haben sich gegenseitig ihre Wünsche erzählt…" Vielleicht hätten die Trolle gerne einen Kindergarten oder Spielplatz? Den können die Kinder mit Hilfe des Spielleiters aus Ästen und Blättern bauen. Gemeinsam wird überlegt, was den Waldtrollen noch fehlt, bzw. womit man ihnen eine Freude machen kann. Vielleicht mögen Trolle es besonders gerne bunt. Die Eingänge zu den Höhlen können zum Beispiel mit einer Tür versehen oder mit verschiedenen Materialien und Farben der Natur dekoriert werden.

Bei diesem Spiel sind der Kreativität keine Grenzen gesetzt. Jedes Kind kann nach eigenem Interesse mit verschiedenen Naturmaterialien kleine und große Kunstwerke schaffen. Besonders spannend ist es, an anderen Tagen zu schauen, ob das Erbaute noch vorhanden ist und ob die Trolle Spuren hinterlassen haben.

3.1.17 Zapfenzielen

Die Kinder versuchen mit im Wald gefundenen Zapfen (oder anderen Naturmaterialien) verschiedene Ziele zu treffen.

- **Spielort:** Wald
- **Gruppengröße:** Gruppen-, Partner- und Einzelspiel
- **Förderbereich:** Auge-Hand-Koordination, Kraft, visuelle Wahrnehmung, Schnelligkeit
- **Material:** Zapfen (oder anderes natürliches Wurfmaterial wie Eicheln, Kastanien …), ggf. Gegenstände, um Ziel zu markieren

Vorbereitung: Der Spielleiter sucht im Wald eine geeignete Stelle aus, an der die Kinder Wurfmaterial sammeln können und eine weitere Stelle, die sich als Ziel einrichten lässt.
Spielablauf: Zapfen sind gut geeignet, um Werfen und Zielen zu üben. Das Ziel kann ein natürliches sein, z. B. eine Astgabelung, ein Busch o. a. sein. Es könnte aber auch ein mit einem Stock in den Boden geritzter Kreis sein oder eine etwas entfernte Linie. Das Kombinieren mehrerer Ziele hintereinander als Parcours kann bei älteren Kindern die Attraktivität steigern. Je nach örtlicher Gegebenheit sind der Kreativität keine Grenzen gesetzt.
Variation (besonders für kleinere Kinder): Alle Zapfen werden in ein Planschbecken oder eine Wanne geworfen. Die Kinder dürfen sich anschließend hineinsetzen oder mit ihren Händen darin baden, wobei sie die unterschiedliche Struktur und den Geruch der Zapfen wahrnehmen. Dieses Spiel ist auch für die Kleinsten zur sensomotorischen Förderung geeignet.

Achtung: Beim Werfen und Zielen befindet sich kein Kind vor dem Werfer, es könnte zu Augenverletzungen kommen. Es besteht die Gefahr des Verschluckens von Kleinteilen, wenn die Kinder Zapfen nehmen. Zur Vermeidung dieser Gefahren kann das Spiel bei sehr kleinen Kindern auch mit Bällen auf der Wiese gespielt werden.

3.1.18 Wackelwippe

Ein langes Brett wird im Wald zum Experimentieren, Wippen, Balancieren und zum Katapultieren von Materialien genutzt.

- **Spielort:** Wald
- **Gruppengröße:** Gruppen-, Partner- und Einzelspiel
- **Förderbereich:** Gleichgewicht, physikalische Erkenntnisse, Experimentieren, Kommunikation, Selbsteinschätzung, kinästhetische Wahrnehmung
- **Material:** ein ca. 2–3 m langes Brett (z. B. Holzdiele / Fußbodenparkett)

Vorbereitung: Der Spielleiter sorgt für den Transport des Bretts in den Wald.
Spielablauf: Im Wald dürfen die Kinder einen liegenden Baumstamm aussuchen und das Brett quer darüber legen. Die Kleinen dürfen experimentieren, wie sie das Brett legen müssen, damit der Angelpunkt an der richtigen Stelle ist. Damit die Hebelwirkung auf beiden Seiten identisch ist, muss das Brett mittig liegen.

Abb. 51: Wackelwippe

Diese Erfahrung sollten die Kinder eigenständig machen, sie werden nach kurzer Zeit herausfinden, wie die Wippe am besten funktioniert. Auch wenn wir uns mit gut gemeinten Ratschlägen zurücknehmen, so ist es dennoch unsere Aufgabe, die Kinder bei ihrer Experimentierlust zu begleiten.

Ist die Wackelwippe richtig aufgebaut, haben die Kinder verschiedene Möglichkeiten herauszufinden, welche unterschiedlichen physikalische Phänomene entstehen können. Sie können mit einem anderen Kind wippen, alleine über das Brett balancieren und den Kippmoment erleben oder – mit etwas Rücksicht – verschiedene (weiche) Dinge katapultieren. Es ist aufregend, wie unterschiedlich hoch diese fliegen, je nachdem ob sie nah oder fern vom Angelpunkt liegen.

Der Aufbau der Wippe sollte an verschiedenen Orten erfolgen, so ist es jedes Mal ein neues und anderes Erlebnis. Besonders spannend ist es, das

Brett über verschiedenen Untergründe zu legen, so entsteht jedes Mal eine andere Konstruktion. Manchmal ist die Wippe höher, der Untergrund uneben, der Ankerpunkt schmal oder das gesamte Konstrukt wackelig. Die verschiedenen Aufbauten fordern Kinder zum eigenen Explorieren auf.
Tipp: Die Holzdielen bekommt man bei einem Holzhändler oder Baumarkt. Schildert man dort das Anliegen, wird einem gerne ein Brett (oder mehrere), z. B. Mangelware oder Ausstellungsstücke, mitgegeben. Mit etwas Glück bekommt man diese sogar geschenkt.

Achtung: Es besteht Verletzungsgefahr, wenn die Füße unter die Wippe geraten!

3.1.19 Waldgeister

Die Kinder sammeln im Wald Stöcke und basteln daraus einen Waldgeist. Dieser darf individuell mit Farben und Wolle gestaltet werden.

- **Spielort:** Wald
- **Gruppengröße:** Gruppen-, Partner und Einzelspiel
- **Förderbereich:** Kreativität, Feinmotorik, materiale Erfahrung
- **Material:** Verzweigte Äste, Gartenschere, Fingerfarben
  - Zusätzliches Material für ältere Kinder: Acrylfarbe, Malkittel, Bast oder Wolle, Akku-Heißklebepistole oder doppelseitiges Klebeband (für Haare), evtl. schwarzer Filzstift

Fingerspiel „Waldgespenster“
Fünf Waldgespenster
sitzen vor dem Fenster.
Das erste schreit: „Hahahahaha!“ (Daumen bewegen)
Das zweite heult: „Hohohohoho!“ (Zeigefinger bewegen)
Das dritte brummt: „Huhuhuhuhu!“ (Mittelfinger bewegen)
Das vierte lacht: „Hihihihihi!“ (Ringfinger bewegen)
Das fünfte schwebt zu dir herein (Kleinen Finger bewegen)
und flüstert: „Wollen wir Freunde sein?“
(abgewandelt nach: www.kita-turnen.de/5-gespenster-fingerspiel-zum-herbst. 13.1.2021)

Vorbereitung: Der Spielleiter macht sich mit dem Spiellied vertraut, sucht sich eine geeignete Stelle im Wald und legt dort alle benötigten Materialien bereit.

Spielablauf: Am gemeinsamen Treffpunkt erzählt Herr Rotfuchs allen Kindern von seinen Erlebnissen mit den lieben Waldgeistern, die zu jeder Tages- und Nachtzeit auf unsere Wälder aufpassen. Wie alle anderen Spiele auch, lassen sich die Waldgeister (Man kann sie auch ganz anders nennen.) in jede märchenhafte Geschichte einbetten.

Impuls: „Überall dort, wo die Waldgeister sind, fühlt sich der Wald sicher und geborgen. Kinder, wollen wir die Waldgeister suchen, damit wir ihnen ein schönes Aussehen geben können?“ Der Spielleiter zeigt den Kindern Waldgeisterrohlinge (Astgabeln) sowie ein gestaltetes Exemplar. Im Anschluss an diese Einführung sucht sich jedes Kind einen Waldgeist zum Gestalten.

Das Sammeln und Suchen darf viel Zeit (sofern vorhanden) in Anspruch nehmen. So können sich die Kleinen etwas austoben, über umherliegende Baumstämme klettern und schauen, ob die Häuser der Waldtrolle bald eine Reparatur benötigen. Außerdem soll jedes Kind genügend Zeit haben, den perfekten Waldgeist zu finden. Es sollten Äste gesammelt werden, die auf dem Boden liegen, damit keine Zweige geschnitten werden müssen. Wenn alle Kinder ihren eigenen Waldgeist gefunden haben, macht sich die Gruppe auf den Weg zum Treffpunkt.

Jeder darf sich einen Pinsel nehmen (oder die Finger benutzen) und den Waldgeist in der Lieblingsfarbe oder kunterbunt anmalen und dekorieren.

Zum Abschluss, nachdem alle fertigen Waldgeister vorgestellt wurden, wird das Fingerspiel „Waldgespenster“ eingeführt, wir haben es für unsere Waldtage etwas abgewandelt.

Abb. 52: Waldgeister

Tipp: Dieses Spiel eignet sich besonders gut im Herbst, da in vielen Regionen ausgiebig Halloween gefeiert wird und die Häuser und Gärten gruselig geschmückt sind. Der Zeitpunkt lässt sich gut aufgreifen, um auf die Waldgeister einzustimmen. Mit diesem Spiel sind auch schon die Kleinsten in das Geschehen integriert.

Variation: Das Gestalten eines Waldgeistes begeistert größere Kinder genauso wie Kleine. Somit lässt es sich sehr gut als Spiel mit gemischten Altersgruppen durchführen, z. B. bei einem Sommerfest, an Geburtstagen oder an Walderlebnistagen. Während die Waldgeister der Kleinen primär bunt werden, sind die der größeren Kinder gezielt angemalt und eventuell mit Augen und Haaren (Wolle) vervollständigt.

3.1.20 Schatzsuche

Die Kinder dürfen sich auf spannende Fährten begeben, nicht wissend, wohin der Weg sie führt. Das Ziel kann nur erreicht werden, wenn alle Aufgaben auf dem Weg dahin gemeinsam gelöst werden. Die Schatzsuche wäre auch geeignet als eine größere Aktivität z. B. im Rahmen eines Kinderfestes unter Elternbeteiligung.

- **Spielort:** Wald
- **Gruppengröße:** Gruppenspiel
- **Förderbereich:** Orientierung, Konzentration, Kommunikation, Farben, Zahlen, kinästhetische Wahrnehmung
- **Material:**
  - Schatzkarte (skizziert oder gemalt)
  - zwei verschiedenfarbige Wollknäule zum Markieren des Stationsweges und des Suchgebietes für den Schatz
  - Station 1: Farbkarte (mit einer Farbe, die zur Zeit in der Natur zu finden ist)
  - Station 2: Baumstamm zum Balancieren
  - Station 3: Großer Würfel (Stoffwürfel), natürliches Wurfmaterial (Zapfen, Bucheckern …), Ziel markieren
  - Station 4: Gegenstände, die nicht in den Wald gehören
  - Station 5: Verschiedene Tierkarten
  - Station 6: Schatzkiste (Schuhkarton) mit einem Schatz für jedes Kind (z. B. eine Kiste mit Glitzersteinen oder kleine Lupen)
  - zu jeder Station ein Schild mit Stationsnummer und dem Aufgabentext (zur Orientierung der erwachsenen Betreuer):
    - Station 1: Suche etwas aus der Natur mit dieser Farbe.
    - Station 2: Balanciere über den Baumstamm.
    - Station 3: Würfle und werfe so viele Zapfen (Bucheckern …) ins Ziel.
    - Station 4: Finde etwas, das nicht in den Wald gehört.
    - Station 5: Bewege dich wie das Tier auf deiner Karte zur letzten Station.
    - Station 6: Suche den Schatz.

Vorbereitung: Die Schatzsuche erfordert eine längere Vorbereitung. Sie besteht aus mehreren Stationen, an denen Kinder Fragen beantworten oder ein Rätsel lösen müssen. Der Weg von der ersten bis zur letzten Station sollte für die Kinder gut sichtbar markiert werden. Alle Stationen müssen vorab vom Spielleiter geplant und organisiert werden. Der gesamte Weg sollte feststehen und die Stationen an den jeweiligen Plätzen mit Stationsnummern, Materialien und Aufgabenkarten ausgestattet sein, so dass die einzelnen Betreuer nicht zeitaufwändig eingewiesen werden müssen.

Der Weg des Stationslaufs wird mit einem farbigen Wollfaden markiert, die neue Station sollte in bequemer Sichtnähe liegen. Der Bereich, in dem dem Schatz gesucht werden muss, wird mit einer anderen Wollfarbe gekennzeichnet.

Spielablauf: Am Startpunkt erzählt Herr Rotfuchs den Kindern, dass er schon einmal eine Schatzkarte im Wald gefunden hat. **Impuls:** „Kinder, vielleicht gibt es in unserem Wald einen Schatz?" Der Spielleiter fordert die Kinder auf, gemeinsam auf die Suche zu gehen und erzählt, dass es vorab einige Aufgaben zu lösen gibt. Nur wenn alle gemeinsam die Aufgaben lösen, kann der Schatz gefunden werden. Herr Rotfuchs zeigt den Kindern in Gruppen den Weg zur 1. Station. Die Kinder lernen an den einzelnen Stationen ihre Aufgaben kennen. Dabei kann organisatorisch bei kleineren Kindern je ein Erwachsener die Gruppe begleiten oder bei etwas älteren Kindern auch schon mal eine Gruppe allein gehen, während an jeder Station ein Erwachsener bereit steht. Das ist eine gute Herausforderung, bei der nichts passieren kann, da alle Stationen in Sichtweite aufgebaut sind und die Kinder somit im Blick bleiben.

Bei der Ankunft an der letzten Station kann Herr Rotfuchs noch einmal auf die Karte verweisen: **Impuls:** „Juchhu! Wir haben alles geschafft. Wir sind da. Hier irgendwo muss der Schatz sein." Der Spielleiter erklärt die Eingrenzung des Suchgebietes mit dem farbigen Faden und gibt falls nötig zusätzliche Hilfestellungen, damit jedes Kind seine kleine Belohnung finden kann.

3.2 Spiele auf der Wiese

Die Wiese ist ein Lebensraum mit einer abwechslungsreichen, überwiegend niedrigwüchsigen Flora (vorwiegend Gräser und Kräuter). Die je nach Standort verschiedene Zusammensetzung des Bodens und damit der Pflanzen bestimmt auch über die Artenvielfalt der vorhandenen Insekten. Weitere teilweise nur im Frühjahr anwesende größere Wiesenbewohner (z. B. Rehkitze und Bodenbrüter) sollten von den spielenden Kindern nicht gestört werden. Die bewirtschafteten Wiesen werden je nach Beschaffenheit unterschiedlich häufig gemäht oder durch Vieh kurz gehalten, was auch erforderlich ist, um den lichtkeimenden Samen das Wachsen zu ermöglichen. Unbewirtschaftete und unbehandelte Wiesen haben noch einmal eine andere Pflanzenkonstellation, sie sind einzigartige Biotope mit abwechslungsreichen Gräsern und Kräutern, die im besonderen Maße das Beobachten z. B. von Insekten ermöglichen. Überall und zu jeder Jahreszeit gibt es etwas zu entdecken und bestaunen.

Grundsätzlich ist zunächst einmal jede Wiese ein einladender Ort für Kinder. Es gibt dort ausreichend Platz und Möglichkeiten zum Beobachten und um den natürlichen Bewegungsdrang beim Toben und Spielen auszuleben. Bei der Auswahl der Spiel- und Entdeckungswiese ist allerdings darauf zu achten, welche Aktivität dort geplant ist: Während einige Blühwiesen es übelnehmen, wenn man darauf herumläuft und auf Picknickdecken lagert, kann man gerade dort faszinierende Entdeckungen mit der Lupe machen. Auf kurzgemähten Flächen und trittverträglichen Kräuterwiesen mit kurzen dickblättrigeren Pflanzen sind viele Lauf- und Fangspiele sehr gut durchzuführen, da der Boden überwiegend eben ist und es nicht allzu viele Hindernisse (z. B. abgebrochene Bäume) gibt. Auch eine ganz „normale" Rasenwiese ist für das bewegungsreiche Kinderspiel durchaus von wichtiger Bedeutung.

Abb. 53: Kind auf Feld

3.2.1 Häschen hüpf

Alle Kinder dürfen sich in Hasen verwandeln und fröhlich über die Wiese hüpfen.

- **Spielort:** Wiese
- **Gruppengröße:** Gruppen-, Partner- und Einzelspiel
- **Förderbereich:** Muskelkraft, Koordination, Gleichgewicht, Entspannung, kinästhetische Wahrnehmung, taktile Wahrnehmung
- **Material:** ohne

Lied: Häschen in der Grube
„Häschen in der Grube
saß und schlief, saß und schlief.
Armes Häschen bist du krank,
dass du nicht mehr hüpfen kannst?
Häschen hüpf, Häschen hüpf!"
(Fröbel 1840, mündlich überliefert,
www.lieder-archiv.de/haeschen_in_der_grube-notenblatt_300720.html)

Vorbereitung: Der Spielleiter macht sich mit dem Lied vertraut und sucht sich eine geeignete Stelle auf der Wiese.
Spielablauf: Herr Rotfuchs leitet das Spiel ein: „Gestern habe ich meine Freundin Hermine Hase getroffen. Wir wollten Fangen spielen, sie war sooo schnell. Könnt ihr auch hoppeln wie ein Hase?"

Alle Kinder dürfen sich auf der Wiese verteilen und hüpfen. Dabei können sie experimentieren und besonders schnell, langsam, hoch oder weit hoppeln. Im Anschluss dürfen sie sich entspannt und gemütlich hinlegen.

Der Spielleiter singt das Lied „Häschen in der Grube" und streichelt währenddessen den Häschen sanft über den Rücken. Bei „Häschen hüpf" dürfen die Kinder aufstehen und hüpfen.

3.2.2 Visitenkarten (Ich-Karten)

Bei diesem Spiel dürfen sich die Kinder mit Materialien aus der Natur eigene Visitenkarten gestalten.

- **Spielort:** Wiese
- **Gruppengröße:** Gruppen-, Partner- und Einzelspiel
- **Förderbereich:** Kreativität, Feinmotorik
- **Material:** Kärtchen aus Tonkarton oder Tonpapier (beliebige Größe), Klebeband (doppelseitig)

Lied: Das Lied über mich
Es gibt Lieder über Hunde – wau wau wau
und auch Lieder über Katzen – miau miau miau

nur das eine Lied, das gibts noch nicht,
und das ist das Lied über mich …
(Rosin, 2000 und www.rosin.de/das-lied-uber-mich.html. 7.1.2021)
Es handelt sich um ein sehr motivierendes Spiellied mit einer ansteckenden Fröhlichkeit über die Eigenarten von Menschen und Tieren.

Vorbereitung: Der Spielleiter schneidet für jedes Kind aus einem Bogen Tonpapier oder Tonkarton ein Stück (beliebige Größe) heraus. Auf eine Seite wird ein Streifen mit doppelseitigem Klebeband geklebt (die Folie nicht abziehen). Der Spielleiter macht sich mit dem Lied vertraut.

Spielablauf: Herr Rotfuchs leitet das Spiel ein, indem er erzählt, dass jeder Mensch anders ist. **Impuls:** „Manche mögen gerne Bäume, andere lieber Blumen, einer liebt Gelb, ein anderer Grün.“ Jedes Kind ist anders und ganz besonders. Gemeinsam wird das Lied gesungen.

Der Spielleiter erklärt den Kindern, dass sie sich eine eigene Visitenkarte (Ich-Karte) erstellen dürfen, mit Materialien aus der Natur, die ihnen besonders gefallen. **Impuls:** „**Ich** bastle meine **Ich**-Karte mit den Dingen, die **ich** schön finde.“ Nachdem jeder eine Karte erhalten hat, wird das Klebeband entfernt. Die Kinder dürfen sich jetzt auf die Suche machen und ihre Lieblingsschätze aus der Natur auf die Karte kleben. Beim Sammeln und Suchen dürfen sich die Kinder viel Zeit lassen, ein gemeinsamer Spaziergang eignet sich gut für dieses Spiel. Der Kreativität sind hierbei keine Grenzen gesetzt. Es dürfen Blüten, Blätter, Rinde, Sand und alles was die Natur sonst hergibt, verwendet werden. Nachdem alle Kinder fertig sind, dürfen sie ihre Kunstwerke präsentieren.

Abb. 54: Ich-Karte

Achtung: Es ist wichtig zu erwähnen, dass keine Tiere auf die Karte geklebt werden dürfen!

3.2.3 Tiere, Tiere

Bei diesem Spiel werden verschiedene Tiere benannt und deren Fortbewegung nachgestellt.

- **Spielort:** Wiese
- **Gruppengröße:** Gruppen-, Partner- und Einzelspiel
- **Förderbereich:** Koordination, Rollenwechsel, Ausdauer, Körpererfahrung
- **Material:** ohne

Fingerspiel: Alle meine Finger klein, wollen heute Tiere sein
„Alle meine Finder klein (abwechselnd auf die Finger deuten)
sollen jetzt mal Tiere sein!
Dieser Daumen, dick und rund
ist der schwarze Schäferhund …“
mündlich überliefert
(www.buchstart-hamburg.de/kinderreime-international/alle-meine-finger-klein. 14.1.2021)
Den Fingern werden verschiedene Tiere zugeordnet, sie werden entsprechend zum Reim geöffnet und geschlossen.

Vorbereitung: Der Spielleiter macht sich mit dem Reim vertraut. Es ist keine sonstige Vorbereitung erforderlich, das Spiel kann an einer freien Stelle der Wiese begonnen werden.
Spielablauf: Herr Rotfuchs fragt die Kinder: **Impuls**: „Hast du mich schon mal im Wald laufen sehen? … Weißt du auch warum du mich so selten siehst? Ich bin ganz leise … Kannst du das auch?“ Alle Kinder schleichen gemeinsam wie Füchse.

Der Spielleiter fragt die Kinder, welche Tiere sie kennen. **Impuls:** „Es gibt viele verschiedene Tiere. Einige leben im Wald, andere mit ihrem Menschen im Haus, manche schwimmen im Teich oder leben im Stall.“ Danach wählt der Spielleiter ein Kind aus, das ein Tier nennen darf (z. B. ein Frosch) und zeigt, wie dieser sich fortbewegt. Alle anderen Kinder verwandeln sich ebenfalls in Frösche und machen mit. Das Spiel wird so lange gespielt, bis jedes Kind ein Tier ausgewählt und vorgespielt hat.

Zum Abschluss des aktiven Spiels, eignet sich das Fingerspiel: „Alle meine Finger klein, wollen heute Tiere sein“.

Variationen (für Kinder ab 4 Jahre): „Tiere, Tiere“ kann auch als Wettkampf gespielt werden. Alle Kinder stellen zeitgleich ein Tier nach, z. B. eine Katze. Im Wechsel darf sich jeder ein Tier aussuchen. Es darf eine Start- und Ziellinie bestimmt werden, von der aus alle zeitgleich beginnen. Wer schafft es warum als erstes ins Ziel?
Variation 2 (für Kinder ab vier Jahre): Der Spielleiter wählt ein Kind aus, welches die Fortbewegung eines Tieres durch Bewegung, Mimik und Gestik darstellt. Die anderen Kinder dürfen erraten, um welches Lebewesen es sich handelt. Das Spiel wird so lange gespielt, bis alle Kinder ein Tier vorgestellt haben.

3.2.4 Spiele mit dem Schwungtuch

Ein großes Meer, eine Höhle, ein Treffpunkt, ein Anhänger für Schwertransporte, einfach alles kann ein Schwungtuch sein. Kaum ein anderes Material ist so vielseitig einzusetzen. Es empfiehlt sich, es bei jedem Ausflug dabei zu haben. Schwungtücher gibt es in verschiedenen Maßen, für eine Kindergruppe eignet sich ein kleines Tuch (Durchmesser 3 – 4 m). Die größeren Tücher sind für Kleinkinder schwer zu handhaben und eignen sich für größere Gruppen und Schulkinder.

Die Eckdaten Spielort, Gruppengröße, Förderbereich, Material und Vorbereitung sind für alle Schwungtuchspiele ähnlich gelagert, deshalb werden bei den einzelnen Spielen unten nur noch eventuell zusätzlich erforderliche Dinge genannt.

- **Spielort:** Wiese
- **Gruppengröße:** Gruppenspiel
- **Förderbereich:** Sozialkompetenz, Gemeinschaftssinn, Konzentration, Beweglichkeit, Gleichgewicht, Anspannung / Entspannung, Sozialerfahrung, taktile und kinästhetische Wahrnehmung, Orientierung, materiale Erfahrung
- **Material:** Schwungtuch (ideal mit 3–4 Meter Durchmesser)

Schwungtuchspiel „Wetter“

Wettergeschichte: „Schaut doch mal in den Himmel. Seht ihr die kleinen Wolken? Sie bewegen sich nur ganz langsam, es ist kaum Wind (das Schwungtuch langsam hoch und runterbewegen). Die Sonne scheint, wir spüren die

Wärme auf unserer Haut. Doch plötzlich erscheinen viele Wolken, der Wind wird immer stärker (das Tuch kräftiger auf- und abbewegen). Es beginnt zu regnen, aus der Ferne hören wir es donnern. Der Wind wird zu einem starken Sturm (das Tuch so kräftig wie möglich bewegen). Zum Glück verziehen sich die Wolken und mit ihnen das Gewitter wieder (das Tuch wieder etwas sanfter auf und ab bewegen). Schaut doch mal, die liebe Sonne lacht wieder am Himmel, es wird warm und windstill“ (das Tuch langsam zu Boden gleiten lassen).

Vorbereitung: Der Spielleiter macht sich mit der Geschichte vertraut. Er sucht einen Platz, an dem ausreichend Platz und der Boden eben ist.

Spielablauf: Nachdem der Spielleiter das Schwungtuch auf dem Boden ausgebreitet hat, dürfen sich alle Kinder darum versammeln. Jeder fasst das Tuch am Rand oder ggf. in einer Schlaufe an. Der Spielleiter erzählt die Wettergeschichte auswendig und führt mit den Kindern die begleitenden Bewegungen aus.

Abb. 55: Schwungtuchspiel Wetter

Schwungtuchspiel „Karussell“

Spielablauf: Alle Kinder versammeln sich um das Tuch und halten es am Rand oder an den Schlaufen fest auf Spannung. Im Anschluss setzen sich alle kreisförmig in Bewegung, der Spielleiter gibt die Richtung vor. Das Karussell beginnt sich langsam zu drehen, nach und nach nimmt es an Geschwindigkeit immer mehr zu, bis es nach ein paar Runden wieder langsamer wird, um die Richtung zu wechseln. Das Spiel kann beliebig oft wiederholt werden, mit verschiedenen Geschwindigkeiten, Richtungswechseln und Gondeln, die sich auf und ab bewegen.

Schwungtuchspiel „Lastwagen“

Spielablauf: Das Tuch wird auf dem Boden ausgebreitet. Ein Kind spielt die Ware und darf auf dem Lastwagen (Schwungtuch) Platz nehmen. Die anderen Kinder und der Spielleiter sind der Motor. Diese fassen das Tuch an einer Stelle an und ziehen so kräftig, bis der Lastwagen sich in Bewegung setzt. Schafft es die Ware (das Kind) stabil zu bleiben und nicht umzukippen?

Impuls: „Die Ware ist immer noch nicht umgefallen, das ist ja nicht zu glauben, mal schauen was passiert, wenn wir schnell durch die Kurve fahren …“

Tipp: Dieses Spiel fordert Kinder heraus, ihre Grenzen erfahren zu können. Einige mögen es, schnell und wild durch die Kurven gezogen zu werden. Andere Kinder zeigen sich schon im Vorfeld etwas unsicher, in diesem Fall sollte der Lastwagen langsam und rücksichtsvoll fahren.

Abb. 56: Schwungtuchspiel Lastwagen

Schwungtuchspiel „Katz und Maus"

Spielablauf: Alle Kinder versammeln sich um das Schwungtuch. Der Spielleiter wählt eine Katze und eine Maus aus. Die Katze begibt sich auf das Tuch, die Maus darunter. Alle anderen Kinder verteilen sich um das Schwungtuch herum und machen Wellenbewegungen, damit die Katze die Maus nicht so schnell entdeckt. Die Katze darf sich ausschließlich krabbelnd fortbewegen. Mit den Händen vorweg versucht sie die Maus unter dem Tuch zu ertasten.
Variation: Die Kleinsten können es so spielen, dass alle Kinder Mäuse sind und unter dem Tuch (im Mauseloch) umherkrabbeln, ohne dass sie von einer Katze gejagt werden.

Schwungtuchspiel „Was fehlt"?

Spielablauf: Zuerst wird das Schwungtuch auf der Wiese ausgebreitet. Danach darf sich jedes Kind ein Teil aus der Umgebung aussuchen, evtl. Gras, eine Blüte oder einen Stein. Dieser „Schatz" soll an irgendeiner Stelle auf das Tuch gelegt werden. Wenn alle Kinder ihre Materialien verteilt haben, dürfen sie sich um das Schwungtuch setzen und die Schätze genau ansehen. Im Anschluss schließen alle Kinder ihre Augen. Der Spielleiter entfernt ein Teil, danach dürfen alle die Augen wieder öffnen und erraten, welcher Schatz fehlt.
Tipp: Auch der Spielleiter kann ein paar Materialien auf dem Tuch verteilen, dadurch wird es etwas schwieriger, da es nicht ausreicht, das Augenmerk auf seinen eigenen Schatz zu richten.

3.2.5 Wer fühlt den Schatz?

Die Kinder versuchen, einen gefühlten Gegenstand optisch zu identifizieren.

- **Spielort:** Wiese (gut auch als Waldspiel geeignet)
- **Gruppengröße:** Gruppen-, Partner- und Einzelspiel
- **Förderbereich:** Taktile und optische Wahrnehmung, Konzentration, materiale Erfahrung
- **Material:** gesammelte Naturmaterialien, kleiner Stoffbeutel (Fühlbeutel), Tuch

Mitmachlied „Gerade und schief"

Das ist gerade (Arme waagerecht nach links und rechts ausstrecken), das ist schief (Arme waagerecht ausstrecken, dabei einen etwas höher, den anderen tiefer).

Das ist hoch (Arme so hoch es geht nach oben strecken, dabei auf die Fußspitzen stellen) und das ist tief (mit den Händen versuchen, den Boden zu berühren)…

(Glück/Sommerland 2010)

Vorbereitung: Der Spielleiter sammelt vorab mehrere Naturmaterialien. Wichtig ist, dass von allem jeweils zwei Teile vorhanden sind, z. B. zwei Schneckenhäuser, zwei (nicht zu empfindliche) Blüten, zwei Stöcke etc. In der Kreismitte wird ein Tuch ausgebreitet und von jedem Materialpärchen wird ein Teil darauf gelegt. Ein einzelnes anderes Teil wird in den kleinen Fühlbeutel gelegt.

Spielablauf: Alle Kinder bilden einen Kreis. Herr Rotfuchs leitet das Spiel ein. **Impuls:** „Kinder, schaut einmal in die Mitte. Hier liegen viele Dinge aus dem Wald. Jedes Teil hat einen Partner. Der befindet sich in dem Beutel." Der Spielleiter nimmt den mit **einem** Material gefüllten Fühlbeutel und reicht ihn einem Kind, welches hineinfassen, aber nicht hineinschauen darf. Nur durch Tasten soll es erraten, um welches Naturmaterial es sich handelt. Während das Kind tastet, schaut es die offen liegenden Materialien an und überlegt, welches sich davon im Beutel befindet. Wenn es den Gegenstand erkannt hat, nimmt der Spielleiter den Beutel zurück und das Kind holt den passenden Partner aus der Mitte. Das Spiel wird so lange gespielt, bis jedes Kind einmal an der Reihe war.

Abb. 57: Wer findet den Schatz

Tipp: Da dieses Spiel viel Ruhe und Aufmerksamkeit erfordert, ist es sinnvoll, vorab etwas Aktiveres anzubieten. Ein Beispiel wäre das Mitmachlied „Gerade und schief". Dazu stellen sich alle gemeinsam in einen Kreis, singen das Lied und führen alle Bewegungen durch. Erklärt werden dabei spielerisch sowohl die Körperteile, als auch verschiedene Adjektive mit ihren jeweiligen Gegenteilsformen.

3.2.6 Einen Beutel mit Blüten bedrucken

Mit Hilfe von blühenden Blumen in unterschiedlichen Farben und Formen dürfen die Kinder einen Glücksbringer, ein Täschchen für den Schnuller, ein Riechsäckchen oder ein besonderes Geschenk gestalten. Mit einem Hammer werden die Farben der Blüten auf ein Säckchen gepresst.

- **Spielort**: Wiese
- **Gruppengröße:** Gruppen-, Partner- und Einzelspiel
- **Förderbereich:** Kreativität, Geschicklichkeit, Auge-Hand-Koordination
- **Material:** (Kleine) Beutel oder Säckchen in heller Farbe (am besten weiß oder beige) aus Baumwolle, Hammer, eine feste Unterlage (z. B. ein Brettchen), Küchenrolle

Vorbereitung: Der Spielleiter sucht sich einen geeigneten Ort, an dem ausreichend Platz und eine feste Unterlage vorhanden sind und stellt dort die benötigten Materialien zur Verfügung.

Spielablauf: Bevor die Blütendruck-Werkstatt eröffnet wird, dürfen sich alle Kinder Blüten, Gräser und Klee pflücken. Wichtig ist der Hinweis, dass nur **Blüten** abgepflückt werden und nicht komplette Blumen mit Wurzeln.

Wenn ausreichend gesammelt wurde und alle wieder am Treffpunkt sind, bekommt jedes Kind ein Säckchen. Dieses muss auf einen festen Untergrund (z. B. Brettchen) gelegt werden. Die Kinder dürfen die gesammelten Blüten auf dem Säckchen verteilen. Wichtig ist, dass die Oberseite der Blüte (für die Kinder die „schöne“ Seite) den Beutel berührt. Dann wird ein Stück Küchenrolle auf die Blüte gelegt und mit dem Hammer (mit Hilfe eines Erwachsenen) kräftig mehrmals gehämmert, um einen Blüten- bzw. Farbabdruck auf dem Beutel zu erzielen. Dieser Vorgang kann so oft wiederholt werden, wie es gewünscht ist. Manche Kinder möchten nur eine Blüte, andere suchen sich so viele Gräser, Blüten und Kleeblätter, bis der ganze Beutel bunt ist.

Abb. 58: Blütendruck

Der Blütendruck eignet sich für das Thema „Kräuter“. Sollten eine Kräuterbeet vorhanden sein, dürfen die Kinder alle Kräuter riechen und die schönsten in ihr Säckchen füllen. Eine andere Alternative wäre, vorab Lavendel zu besorgen und aus dem Säckchen einen Traumbeutel fürs Bett zu machen. Lavendel entspannt und sorgt für einen guten Schlaf.

Dieses Spiel bietet sich besonders im Frühjahr oder Sommer an, da zu der Zeit Pflanzen in vollem Saft stehen. Im Herbst sind die Blüten schon zu trocken und es wird kaum Farbe auf den Stoff übertragen.

Variation: Blüten lassen sich auch auf Papier drucken. Daraus können Einladungskarten, Lesezeichen oder Postkarten entstehen.

3.2.7 Wer findet die Farben?

Die Kinder suchen mit Farbkarten oder vorbereiteten Eierkartons verschiedene Farben in der Natur.

- **Spielort:** Wiese
- **Gruppengröße:** Gruppen-, Partner- und Einzelspiel
- **Förderbereich:** Farbenlernen, Zuordnen
- **Material:** Eierkarton: beklebt oder bemalt mit Farben, die es in der Natur zu finden gibt

Volkslied: „Grün, grün, grün sind alle meine Kleider"
Grün, grün, grün sind alle meine Kleider.
grün, grün, grün ist alles was ich hab
darum lieb ich alles was so grün ist
weil mein Schatz ein Jäger, Jäger ist …
(www.lieder-archiv.de/gruen_gruen_gruen_sind_alle_meine_kleider-notenblatt_300372.html. 26.12.2020)

Vorbereitung: Der Spielleiter sollte ausreichend Eierpappen vorbereiten und sich mit dem Lied vertraut machen.

Spielablauf: An einem Treffpunkt auf der Wiese versammeln sich alle Kinder um Herrn Rotfuchs und stimmen sich auf das Thema Farben ein. **Impuls:** „Kinder, schaut euch doch einmal um. Wisst ihr welche Farbe das Gras hat? Gibt es noch andere Farben, die ihr kennt?" Die Kinder bekommen im Anschluss den Eierkarton oder eine Farbkarte und dürfen sich damit auf den Weg machen, um die entsprechenden Farben zu finden.

Etwas einfacher, vor allem weniger Vorbereitung ist es, jedem Kind eine Farbkarte zu geben. Dieses läuft los (in Sicht- und Hörweite) und bringt etwas aus der Natur in der vorgegebenen Farbe mit.

Abb. 59: Farbensuche

Sollte es etwas komplexer sein, kann der vorbereitete Eierkarton mit mehreren Farben versehen sein, die ggf. auch nach Vorgabe einsortiert werden müssen. Es können für eine Eierschachtel ein bis drei Kinder zugeordnet werden.

Zum Abschluss kann noch gemeinsam das Volkslied „Grün, grün, grün sind alle meine Kleider" gesungen werden. Dabei stehen die Kinder im Kreis und jeder, der eine Kleidung in der entsprechenden Farbe der Strophe trägt, kann in die Mitte kommen.

3.2.8 Ein Naturbild malen

Bei diesem Spiel dürfen Kinder ihrer Kreativität freien Lauf lassen und ihre Lieblingsschätze aus der Natur als Portrait verewigen.

- **Spielort:** Wiese
- **Gruppengröße:** Gruppen-, Partner- und Einzelspiel
- **Förderbereich:** Kreativität, Jahreszeiten, taktile Wahrnehmung, Feinmotorik, Auge-Hand-Koordination, materiale Erfahrung
- **Material:** Mehlkleister (Rezept s. u.), Schüssel, Pappen, Pinsel

Rezept: Mehlkleister:
Da Kleinkinder gern die Finger in den Mund stecken, ist es wichtig, keine Kleber mit giftigen Zusatzstoffen zu benutzen. Eine gute Möglichkeit ist hier der einfache Mehlkleister.
Zutaten: 1 Tasse lauwarmes Wasser, 1 Tasse Mehl (Typ 405 oder 550)

Zubereitung: Das lauwarme Wasser wird in eine Schüssel gegossen, unter Rühren (gerne mit den Händen) wird das Mehl dazugegeben.
Der Kleister kann sofort benutzt werden. Im Schraubglas verschlossen kann dieser bis zu 14 Tagen im Kühlschrank aufbewahrt werden. Bei Raumtemperatur hält er sich ca. zwei Tage. Die Haltbarkeit des Klebers kann ganz einfach überprüft werden, riecht er sauer oder fängt an zu gären, sollte er nicht mehr benutzt werden. Der Kleister eignet sich außerdem zum Basteln, Dekorieren und für die Arbeit mit Pappmaché.

Lied: „Die Jahresuhr"
„Januar, Februar, März, April,
die Jahresuhr steht niemals still
Mai, Juni, Juli, August,
wecken uns allen die Lebenslust
September, Oktober,
November, Dezember
und dann, und dann
fängt das Ganze schon wieder von vorne an..."
(Zuckowski 2008)

Abb. 60: Naturbilder fertig

Vorbereitung: Der Spielleiter sucht einen geeigneten Ort und stellt dort alle benötigten Materialien bereit. Der Mehlkleister sollte vorab vorbereitet werden.
Spielablauf: Herr Rotfuchs stimmt die Aktion mit dem Lied „Die Jahresuhr" ein. Im Anschluss dürfen die Kinder Naturmaterialien (Klee, Gräser, Blüten etc.) sammeln, die ihnen gut gefallen.

Wenn der Arbeitsplatz vorbereitet ist und jeder ein Stück Pappe, z. B. den Deckel eines Schuhkartons vor sich liegen hat, darf etwas Kleister (entweder mit den Händen oder mit einem Pinsel aus der Schüssel) genommen werden. Nachdem der Kleister auf der Pappe verteilt ist, wird das Bild nach Belieben mit Naturschätzen verziert.

Tipp: Dieses Angebot ist besonders spannend, wenn es in verschiedenen Jahreszeiten durchgeführt wird. Da es sich um Naturmaterialien handelt und diese vergänglich sind, sollten die Kunstwerke fotografiert werden. Daraus kann ein wundervolles Jahreszeitenprojekt entstehen.

3.2.9 Sternschnuppen

Die Kinder dürfen bunte Ballons mit wunderschönem Schweif durch die Lüfte fliegen lassen. Sie sehen aus wie Sternschnuppen in vielen verschiedenen Farben.

- **Spielort:** Wiese
- **Gruppengröße:** Gruppen-, Partner- und Einzelspiel
- **Förderbereich:** Auge-Hand-Koordination, physikalische Eigenschaften, materiale Erfahrung
- **Material:** Luftballons, Chiffontücher

Vorbereitung: Der Spielleiter kann im Vorfeld die Sternschnuppen vorbereiten, indem er ein Chiffontuch an aufgepustete Luftballons knotet.
Spielablauf: Herr Rotfuchs leitet die Aktion mit der Frage: „Wer hat schon einmal eine Sternschnuppe gesehen?" ein. Nachdem jedes Kind sein Erlebnis mitteilen durfte, verteilt der Spielleiter eine „Sternschnuppe" an jedes Kind.

Abb. 61: Sternschnuppe

Für dieses Spiel gibt es keine weiteren Regeln. Alle Kinder dürfen ihre Sternschnuppe über die Wiese fliegen lassen. Kinder sind fasziniert von der Schönheit der bunten Schnuppen und von der vielfältigen Flugweise. Sie können versuchen, die Ballons besonders hoch oder weit zu werfen. Spannend ist es auch, sich die Sternschnuppen gegenseitig zuzuwerfen. Durch die langsame Flugphase haben die Kleinen etwas mehr Zeit zu reagieren und sich auf das Flugobjekt einzulassen.

3.2.10 Seifenblasen XXL

Bei diesem Spiel werden mit selbst gebastelten Seifenblasenstäben und Lauge wunderschöne Seifenblasen produziert.

- **Spielort:** Wiese
- **Gruppengröße:** Gruppen-, Partner- und Einzelspiel
- **Förderbereich:** Materiale Erfahrung, Auge-Hand-Koordination, Geschicklichkeit
- **Material:** Seifenblasenflüssigkeit (gekauft) oder selbstgemacht (verschiedene Rezepturen im Internet verfügbar), eine große Schüssel
- Für das Seifenblasengestell: Zwei Stöcke, Schlüsselring, Klebeband oder Isolierband, fester Bindedraht, Schnur (z.B. Wolle)

Bauanleitung für den Seifenblasenstab: Zuerst wird der Bindedraht zu einer kleinen Schlaufe aufgedreht und jeweils mit dem Klebeband an beiden Stöcken befestigt. Durch die beiden Schlaufen wird zuerst der kürzere Faden gezogen, welcher die beiden Stöcke miteinander verbindet. Im Anschluss wird der längere Faden erst an einem Stock befestigt, dann wird der Schlüsselring hindurchgezogen und zuletzt wird das andere Ende am zweiten Stock festgeknotet.

Abb. 62: Seifenblasenstab

Seifenblasenlauge: Es sind viele verschiedene Rezepturen für Seifenblasen im Internet zu finden (z.B. auf der Kinderseite des WDR: www.kinder.wdr.de/tv/wissen-macht-ah/bibliothek/dasfamoseexperiment/stabile-seifenblasen-100.html. 18.1.2021). Leider gelingt es nicht immer so gut wie angekündigt. Es empfiehlt sich, einige Rezepte auszuprobieren und ansonsten vorsichtshalber einen Kanister mit gekaufter Seifenblasenflüssigkeit zu haben. Diese gibt es in Spielzeugfachgeschäften oder im Internet zu kaufen (2 Liter kosten ca. 7–9€).

Vorbereitung: Der Spielleiter bastelt vorab einen oder mehrere Seifenblasenstäbe und bereitet die Seifenblasenlauge vor.

Spielablauf: Der Spielleiter zeigt den Kindern, wie er den Seifenblasenstab in die Flüssigkeit hält und ihn im Anschluss durch die Luft schwingt. Kinder sind von den riesigen Seifenblasen restlos begeistert, sie lieben es, die Seifenblasen zu beobachten oder sie zu fangen und zerplatzen. Im Anschluss dürfen die Kinder versuchen, selbst eine Seifenblase zu produzieren.

Abb. 63: Seifenblasen

Nach dem aktiven Spiel eignet sich eine taktile Rückenentspannung (z.B. Pizzabacken, Kap. 3.5.7 in abgewandelter Form) als Abschlussspiel. Die Kinder setzen oder legen sich an einer ruhigen Stelle auf den Boden (Decke, Bank). Auf dem Rücken der Kinder stellt der Spielleiter das Anrühren der Flüssigkeit dar. Danach fliegen die Blasen durch die Luft (über den Rücken pusten), bis sie schließlich sanft auf dem Rücken zerplatzen (alle fünf Finger berühren zeitgleich und aneinandergedrückt mit den Kuppen den Rücken. Langsam dehnen sich die Finger auseinander, so weit wie die Finger abgespreizt werden können und berühren dabei permanent den Rücken). Dieses kann an mehreren Stellen, begleitet durch eine Geschichte, erfolgen.

3.2.11 Zirkus

Bei diesem Spiel dürfen sich die Kinder in verschiedene Rollen des Zirkus verwandeln, wie z. B. Tiger, Clown oder Zirkusdirektor. Sie sind begeistert von der Magie, den verschiedenen Tieren und den Akrobaten.

- **Spielort:** Wiese
- **Gruppengröße:** Gruppen-, Partner- und Einzelspiel
- **Lernziel:** Konzentration, Rollenwechsel, Grob-Feinmotorik, Kreativität
- **Material:** Seile, Schwungtuch, Kriechtunnel, Bälle, Chiffontücher, Reifen etc. (alle Materialien können ausgetauscht oder ergänzt werden).

Vorbereitung: Der Spielleiter bereitet an einem geeigneten Ort alle Materialien vor und baut die „Bühne" auf. Das Schwungtuch wird als Mittelpunkt (Treffpunkt) ausgebreitet, um das Tuch herum wird alles weitere aufgebaut. Es werden ein Tunnel zum Kriechen, Reifen zum Durchsteigen und Seile zum Springen benötigt. Für die Akrobaten wird ein Seil zum Balancieren, Hüpfen und Tanzen gespannt (Seile längs auf den Boden legen). Die Bühne für den Clown wird mit Bällen und bunten Chiffontüchern vorbereitet.

Spielablauf: Bevor die Akteure in ihre Rollen schlüpfen, wird gemeinsam über das Thema Zirkus gesprochen. Herr Rotfuchs gibt den **Impuls**: „Ich durfte noch nie in den Zirkus! Dabei soll es da so schön sein. Ich weiß gar nicht, was es da gibt." Herr Rotfuchs wird von einem Kind zum Nächsten weitergegeben. Jeder der ihn in der Hand hält, erzählt ihm und den anderen Kindern seine Erlebnisse.

Gemeinsam wird besprochen, dass der Zirkus heute bei uns stattfindet. Die Kinder können selbstverständlich mit einbezogen werden und ihre Vorschläge mitteilen. Unter tobendem Applaus kann die Show beginnen. Nacheinander dürfen die wilden Tiere, Akrobaten und Clowns ihr Können beweisen. Alle anderen applaudieren, während sie auf ihren Auftritt warten.

Dieses Spiel eignet sich für alle Kinder gleichermaßen. Die Kinder mit viel Energie können als wilde Tiere oder Akrobaten ihr Können beweisen.

Abb. 64: Akrobatenkind mit Rolle

Abb. 65: Clownkind mit Tuch

Die etwas ruhigeren Kinder dürfen in die Rolle des Clowns schlüpfen und mit Bällen und Tüchern jonglieren. Die Zuschauer staunen, wenn sich der Clown unter einem Tuch unsichtbar macht.

Es empfiehlt sich, mit mindestens drei Erwachsenen (oder Jugendlichen) das Spiel zu begleiten. Einer bleibt bei den wartenden Kindern auf dem Schwungtuch, die anderen können den Zirkus aktiv begleiten (die wilden Tiere bändigen und ablösen, die Reifen hochhalten, Bälle und Tücher zum Jonglieren anreichen etc.).

Nach der Zirkusaufführung treffen sich alle auf dem Schwungtuch und tauschen die Erlebnisse aus. Herr Rotfuchs ist begeistert: „Heute habe ich zum ersten Mal Zirkus gesehen. Danke! Das war wunderschön für mich. Wie habt ihr das so toll geschafft?"

Eventuell dürfen die Eltern Zuschauer sein, bei einer extra Aufführung während der Abholphase.

Tipp: Zum Abschluss freuen sich die wilden Tiere sicherlich über eine entspannende Tiermassage. Dazu darf sich das „Tier" ausstrecken und wird von einem anderen Kind (Zirkusdirektor) mit vorhandenen Materialien (z. B. einem Ball) sanft über Rücken, Arme und Beine massiert.

3.2.12 Schnecke, pass auf!

In diesem Spiel ahmen die Kinder das Verhalten einer Schnecke nach: Sie zieht sich bei Berührung zurück in ihr Schneckenhaus, die Kinder machen sich bei gespürter Berührung ganz klein.

- **Spielort:** Wiese
- **Gruppengröße:** Partner- oder Gruppenspiel
- **Förderbereich:** Taktile Wahrnehmung, Rollenwechsel, Konzentration, Schnelligkeit, Auge-Hand-Koordination, materiale Erfahrung
- **Material:** Wäscheklammern (ca. 2 Stück pro Kind)

Mitmachlied „Kleine Schnecke“
„Kleine Schnecke, kleine Schnecke,
krabbelt rauf, krabbelt rauf,
krabbelt wieder runter, krabbelt wieder runter,
kitzelt mich am Bauch, kitzelt mich am Arm.“ (... am Kinn, an den Ohren ...)
(Melodie von Bruder Jakob, Klang 2019)

Vorbereitung: Der Spielleiter sucht einen geeigneten Ort aus und legt dort die Wäscheklammern bereit. Er ist mit dem Mitmachlied vertraut.

Spielablauf: Im Sitzkreis werden alle Kinder begrüßt. Eingeleitet wird das Thema von Herrn Rotfuchs: „Wenn ihr müde seid, geht ihr nach Hause in euer Bett und schlaft. Ich laufe dann zu meinem Fuchsbau und lege mich dort in meine Höhle. Es gibt sogar Tiere, die müssen gar nicht nach Hause gehen. Die haben ihr Haus immer dabei. Jetzt kann eine Schnecke oder ein leeres Schneckenhaus gezeigt werden. Die Kinder bringen ihr Vorwissen ein.

Abb. 66: Schnecke

Der Spielleiter wählt ein Kind (ab drei Jahre) aus, welchem er die Rolle der „Schnecke“ zutraut. Dieses setzt sich gemütlich auf die Wiese (ggf. auf einen Baumstumpf oder eine Decke) und schließt die Augen. Die anderen Kinder hocken sich im Kreis um die „Schnecke“ herum, mit einem Abstand von ca. zwei Metern.

Wenn alle ihren Platz eingenommen haben, verteilt der Gruppenleiter Wäscheklammern, je nach Bedarf ca. 2 Stück. Die Aufgabe der Kinder ist es, eine Wäscheklammer an der Schnecke (Kleidung vom Kind) zu befestigen. Wird die Klammer nicht bemerkt, bewegt sich die Schnecke nicht und das Kind geht zurück zu seinem Platz. Sollte die Schnecke die Wäscheklammer gespürt haben, zieht sie sich in ihr Schneckenhaus zurück (macht sich ganz klein), da sie nicht berührt werden mag. Das Kind, dessen Klammer bemerkt wurde, muss die Klammer wieder mit zurück an den Platz nehmen und einen neuen Versuch starten. Die Kinder haben auch untereinander die Möglichkeit sich zu helfen.

Sollten die Kinder das Schneckenspiel noch nicht kennen, ist es sinnvoll, dass einer der Erwachsenen zuerst die „Schnecke" spielt.

Es empfiehlt sich, nicht zu viele Wäscheklammern zu verteilen, da die Geduld der „Schnecke" begrenzt ist. Mehr Spaß haben alle, wenn jedes Kind nur eine Klammer bekommt und die Rollen häufiger getauscht werden.

Begleitet werden kann das Spiel durch das Mitmachlied „Kleine Schnecke", das zunächst nur vorgesungen wird. Nach Abschluss der Klammeraktion kennen die Kinder das Lied dann schon so gut, dass sie es alleine singen können. Der Spielleiter kann jetzt die Bewegungen dazu vormachen und mit dem Zeige- und Ringfinger den Arm oder Rücken mit den Fingern nach oben bzw. nach unten streichen und springt dann mit den Fingern zum Bauch (oder an die Körperstelle, welche benannt wird, z. B. „kitzelt mich am Kinn"). Das ist sowohl am eigenen Körper als auch beim Partner möglich.
Tipp: Für die Kinder, denen das Öffnen der Wäscheklammer zu schwer fällt, eignet sich ein Stück Pappe mit doppelseitigem Klebeband.

3.2.13 Ein Kind umrahmen

Stellt man einem Kind die Frage, wie groß es ist, gibt es ganz unterschiedliche Antworten: „So stark wie ein Löwe" oder „Ich bin schon ganz groß!" oder „Wenn ich ein Opa bin, bin ich so groß wie Papa.". Diese und viele Antworten geben manchmal Rückschlüsse darauf, wie Kinder sich fühlen: groß oder klein, selbstsicher oder unsicher, stark oder schwach. Die Kinder werden durch das Umrahmen mit einem Seil eine realistischere Vorstellung von ihrer Größe bekommen.

- **Spielort:** Wiese
- **Gruppengröße:** Partner- oder Gruppenspiel
- **Förderbereich:** Selbsteinschätzung, Wahrnehmung, Körpererfahrung
- **Material:** (Spring-)Seile

Vorbereitung: Für das Spiel werden mehrere Seile benötigt. Der Spielleiter sucht einen geeigneten Ort, an dem ausreichend Platz ist.
Spielablauf: Das Spiel lässt sich gut mit dem Lied „Das Lied über mich" (Kapitel 3.2.2) einstimmen. Herr Rotfuchs leitet mit einem **Impuls** ein: „Könnt ihr mir sagen, wie groß ich bin?" Der Spielleiter fordert Herrn Rotfuchs auf, sich auf den Boden zu legen. Die Kinder dürfen bunte Seile um ihn herumlegen.

Dann steht der Fuchs wieder auf und sieht sich die Umrandung an. „Ich hätte nie gedacht, dass ich so groß bin."

Je nachdem wie viele Seile vorhanden sind, dürfen sich ein oder mehrere Kinder auf den Rücken legen. Die anderen Kinder und der Spielleiter legen die Seile um die Kinder herum, dicht am Körper. Im Anschluss wird dem liegenden Kind hochgeholfen, damit die Seile nicht verrutschen. Die Kinder dürfen sich ihre Abbildung anschauen und sind häufig überrascht, wie groß sie schon sind.

Variation: Kindergartenkinder finden es oft lustig, sich krumm oder mit gestreckten Armen und Beinen hinzulegen. Grundschulkinder versuchen, sich so hinzulegen, dass ein Buchstabe entsteht. Wenn die Kinder die richtige Position eingenommen haben, werden die Seile herum gelegt. Die Spannung ist groß, wenn sie vorsichtig aufstehen und anhand der Seile sehen, ob der Buchstabe lesbar ist.

Abb. 67: Kind umrahmt

3.2.14 Samenkugeln selber machen

Die Kinder dürfen eigene Samenkugeln herstellen. Diese Kugeln lassen sich in viele Projekte integrieren und eignen sich für verschiedene Themen und auch längere Projekte, wie z. B. „Pflanzen und wachsen" oder „Wildwiese". Auch als Geschenk zum Muttertag oder als Station beim Kindergeburtstag oder Sommerfest sind sie unkompliziert und schnell herzustellen.

- **Spielort:** Wiese (auch überall anders möglich)
- **Gruppengröße:** Gruppen-, Partner- und Einzelspiel
- **Förderbereich:** Feinmotorik, taktile Wahrnehmung, materiale Erfahrung, Auge-Hand-Koordination, Wissensvermittlung „Biene" u. a. Themen
- **Material:** Blumenerde / Samen / Tonpulver / Wasser (siehe Rezept unten), Eierkarton oder Muffinförmchen, Schüssel

Rezept Samenkugeln:

2 Handvoll Tonpulver (erhältlich in Gartengeschäften oder Apotheken)

3 Handvoll Blumenerde (torffrei)

1 Handvoll Samen für „bienenfreundliche" Pflanzen (Die verschiedenen Samenproduzenten vertreiben sie unter Namen wie Bienen-Mix, Bienenweide, Bienenretter u.ä.)

etwas Wasser

Es wird eine große Schüssel benötigt. Die Kinder krempeln die Ärmel hoch und geben die Zutaten in die Schüssel. Zuerst wird die Erde mit Ton und Samen gemischt. Danach darf jeweils ein Kind etwas Wasser in die Schüssel geben, während die anderen mit den Händen alles vermischen. Bitte immer nur geringe Mengen Wasser hinzufügen, bis eine mürbeteigähnliche Konsistenz entsteht, d.h. es lassen sich Kugeln formen (Der Spielleiter testet dies zwischendurch.).

Ist die richtige Konsistenz erreicht, dürfen die Kinder eine Handvoll Erde aus der Schüssel nehmen und eine Kugel daraus formen. Das gelingt nicht immer sofort, ein Erwachsener sollte bei Bedarf helfen. Die Samenkugeln können in eine Eierpappe oder in Muffinförmchen gelegt werden. Dann sollten sie ca. 2–3 Tage trocknen, z.B. auf einer Fensterbank in der Sonne.

Abb. 68: Samenkugel

Fingerspiel/Gedicht „Die Biene“
„Die Biene kommt aus ihrem Haus
fliegt in die Frühlingsluft hinaus …“
(Rieger, www.heilpaedagogik-info.de/fingerspiele/fruehling/1881-die-biene.html, 15.1.2021)
Die Kinder hören den Text und ahmen mit den Fingern der einen Hand die Biene nach, die von Blüte zu Blüte fliegt (die Finger der anderen Hand) und den Nektar sammelt.

Vorbereitung: Der Spielleiter besorgt alle Zutaten und Materialien. Das Zusammenrühren der Zutaten übernehmen die Kinder (Rezept Samenkugeln). Er hat sich mit dem Gedicht vertraut gemacht und mit dem zeitlichen Ablauf, der mit Trocknung mehrere Tage in Anspruch nimmt.
Spielablauf (Samenkugeln erstellen innerhalb des Themas „Wildbiene“): Zum Einstimmen auf das Thema Wildbiene fragt der Spielleiter die Kinder, welches Tier Honig produziert. Er kann ihnen mit weitern Infos, wie z. B. „Das Tier kann fliegen und hat einen Stachel“ helfen. Sobald die Kinder das Tier erraten haben, folgt ein gemeinsames Fingerspiel.
Bei einem aktiven Spiel können sich die Kleinen austoben. Dazu dürfen sich alle Kinder in kleine Bienen verwandeln, über die Wiese „fliegen“ und kleine Blüten suchen. An jeder gefundenen Blume sammeln die Bienchen Nektar (Die Kinder riechen an den Blumen). Wenn sie müde werden, versammeln sich alle wieder am Treffpunkt.

Impuls durch Herrn Rotfuchs: „Ich sehe, ihr Bienen seid müde vom Fliegen und Sammeln. Aber was haben die Bienen bei ihrem Flug erlebt?“ Daraufhin dürfen die Kinder ihre Erfahrungen erzählen.

Sollte ein Buch oder ein Foto von einer Biene vorhanden sein, kann dieses den Kindern gezeigt werden. Anhand des Bildes kann der Spielleiter etwas über das nützliche Tier erzählen.

Sachwissen „Bienen“ für Kinder erzählt: Bienen sind sehr wichtig für uns und für die Natur. Sie fliegen zu Blumen oder Bäumen, weil es dort in den Blüten leckeres Essen für sie gibt. Das nennt man Nektar. Kleine Samen bleiben an ihren Beinchen hängen, wenn sie über die Pflanze klettern. Danach fliegen die Bienen zu einer anderen Pflanze, lassen einige Samen dort und nehmen dafür wieder neue mit. Weil die Bienen so fleißig sind und jeden Tag zu vielen verschiedene Blumen und Bäumen fliegen, kann mit Hilfe der Samen viel leckeres Obst und Gemüse entstehen. Damit die Bienen immer genug zu essen haben, benötigen sie also Pflanzen, die sie gerne mögen.

Impuls: „Wollen wir den Bienen eine Freude machen und wunderschöne Blumen für sie aussäen?"

Jetzt beginnt die Zubereitung der Samenkugeln nach dem o. a. Rezept. Die Trocknung nimmt ein paar Tage in Anspruch, in dieser Zeit kann das Gedicht noch gern einige Male wiederholt werden, ebenso können Bilderbücher zum Thema Wildbienen angeschaut werden oder ein Besuch beim Imker stattfinden.

Sind die Samenkugeln fertig getrocknet, können sie verschenkt werden oder im Garten, auf einer Grünfläche in der Stadt oder in einem Blumentopf mit Erde ausgelegt werden. Sie können auch einfach „weggeworfen" werden, da sie sich überall, wo sie einen erdigen Untergrund haben, aussäen.

3.2.15 Wie riecht der Sommer?

Bei diesem Spiel dürfen die Kinder Gerüche der Natur „einsammeln" und erraten.

- **Spielort:** Wiese
- **Gruppengröße:** Gruppen-, Partner- und Einzelspiel
- **Förderbereich:** Olfaktorische Wahrnehmung
- **Material:** Kleine Gläser mit Deckel (z.B. Marmeladengläser), für jedes Kind ein Glas

Abb. 69: Düfte sammeln

Vorbereitung: Der Spielleiter sucht sich einen Ort, an dem viele Pflanzen mit starken Eigengeruch wachsen (z. B. Kräuter) und sorgt für ausreichend Gläser.

Spielablauf: Herr Rotfuchs begrüßt die Kinder: „Hallo Kinder, auf der Wiese neben meinem Fuchsbau liegt ganz viel Heu. Das riecht so großartig. Welche Gerüche findet ihr toll?"

Der Spielleiter verteilt die Gläser. Jedes Kind sollte mindestens ein Gefäß erhalten. Dann machen sich alle (in Sicht- und Hörweite) auf die Suche und sammeln bewusst Gerüche ein. Sie dürfen an allen Dingen riechen, bei denen sie denken, dass sie einen Eigengeruch haben.

Nach langem Suchen und Riechen sammeln die Kinder jetzt das Naturmaterial mit dem stärksten Geruch in ihr Glas und schrauben den Deckel hinauf. Einen besonders starken Eigengeruch haben Kräuter, wie z. B. Salbei, Minze und Schnittlauch.

Wenn alle Kinder wieder am Treffpunkt angekommen sind, dürfen sie erzählen, welchen Geruch sie „eingesammelt" haben und das Glas der Gruppe zum Riechen anbieten. Nach Möglichkeit sollte der Spielleiter die Pflanzen benennen können. Deshalb ist es eventuell ratsam, ein Pflanzenbestimmungsbuch oder eine Pflanzenbestimmungs-App mitzuführen. Zum Abschluss kann das Lied: „Die Jahresuhr" (Kap. 3.2.8) gesungen werden.

3.2.16 Spiele mit dem Seil

Spiele mit dem Springseil sind immer und überall einsetzbar. Es handelt sich zumeist um Bewegungsspiele, hier Lauf-, Fang- und Springspiele. Sie lassen sich als Spielidee in viele andere Aktionen einbinden. Auch hier kann Herr Rotfuchs die Aktion individuell mit ein paar thematischen Impulsen einleiten.

Seilspiel „Füchse fangen"

Es handelt sich um ein motivierendes Lauf- und Fangspiel.

- **Spielort:** Wiese
- **Gruppengröße:** Gruppen- und Partnerspiel
- **Förderbereich:** Koordination, Schnelligkeit
- **Material:** mehrere Springseile (mindestens ein Seil für zwei Kinder)

Vorbereitung: Der Spielleiter sucht einen ebenen Platz auf der Wiese (Stolpergefahr durch Löcher oder Hügel vermeiden).
Spielablauf: Einige Kinder verwandeln sich in Füchse, dazu nehmen sie sich ein Seil als Schwanz und stecken sich eines der Enden hinten in den Hosenbund. Ein Erwachsener sollte dabei helfen. Ein oder mehrere ausgewählte Kinder (oder der Spielleiter) schlüpfen in die Rolle des Jägers.

Nach dem Startsignal versucht der Jäger die Füchse zu fangen, indem er mit dem Fuß auf das Seil tritt, so dass es aus dem Hosenbund rutscht. Die Füchse dürfen ihren eigenen Schwanz (Seil) nicht mit den Händen festhalten.

Abb. 70: Fuchs fangen

Das Spiel ist beendet, wenn der Jäger alle Füchse gefangen hat, bzw. wenn alle Seile auf dem Boden liegen.
Variation: Eine weitere Spielidee ist, dass sich gefangene Füchse ebenfalls in einen Jäger verwandeln.

Seilspiel „Pferderennen"

Es handelt sich um ein partnerbezogenes Laufspiel, das gute Interaktion und Rücksichtnahme erfordert.

- **Spielort:** Wiese
- **Gruppengröße:** Partnerspiel (Spiel in der Gruppe möglich, aber anspruchsvoller)
- **Förderbereich:** Kommunikation, Rollenwechsel
- **Material:** mehrere Springseile (mindestens ein Seil für zwei Kinder)

Vorbereitung: Der Spielleiter sucht einen ebenen Platz auf der Wiese (Stolpergefahr durch Löcher oder Hügel vermeiden).

Abb. 71: Kinder spielen Pferd

Spielablauf: Bei diesem Spiel benötigen jeweils zwei Kinder ein Seil. Ein Kind ist das Pferd oder Pony, das andere Kind der Reiter. Zu Beginn sattelt der Reiter sein Pony (Der Spielleiter hilft dabei, das Seil richtig anzulegen, s. Abb. 71).

Achtung: Ein Erwachsener muss unbedingt helfen oder kontrollieren, dass das Pferdegeschirr nicht vor dem Hals verläuft!

Nun stellt sich der Reiter hinter das Pferd, hält die Zügel in den Händen und gibt dem vierbeinigen Freund Kommandos. Ob Schritt, Trab, Galopp, langsam oder schnell, alles ist erlaubt. Sollten noch Seile übrig sein, dürfen diese auch auf das Gras gelegt werden und können als Hindernis dienen. In der nächsten Runde wird getauscht.

Variation: Mit älteren Kindern (ab 3,5 Jahre) kann es auch als Wettkampfspiel gespielt werden. Dazu wird eine Startlinie und parallel in ca. 10–15 Meter Entfernung eine Ziellinie aus Seilen gelegt. Das erste Pferdegespann (oder mehrere nebeneinander) begeben sich an die Startlinie. Sobald das Startsignal ertönt, geht es im Galopp los bis in das Ziel.

Seilspiel „Spinnennetz“

Dieses Spiel erfordert gemeinsame Interaktion in der Gruppe, es eignet sich auch als Vertrauens- und Entspannungsspiel (Variation Geburtstagsüberraschung).

- **Spielort:** Wiese
- **Gruppengröße:** Gruppenspiel
- **Förderbereich:** Koordination, Kommunikation, Kraft, Vertrauen
- **Material:** 10–20 Springseile (s. Aufbauanleitung Abb. 72 „Sonne mit Ankerstichknoten“), ein Kuscheltier

Abb. 72: Sonne mit Ankerstichknoten

Aufbauanleitung „Sonne“: Das erste Seil wird zu einem Kreis (Ring) gelegt, dafür dürfen die Seile mehrere Reihen haben. Die anderen Seile werden mit einem Ankerstich im Abstand von ca. 5–10 cm an dem Ring befestigt. Ein Ankerstich ist ein Klemmknoten, der auf Spannung fest ist und im unbelasteten Zustand leicht verschoben werden kann. Je nachdem wie groß die Gruppe ist, können beliebig viele Seile angebracht werden. Es gilt die Regel: Ein Seil pro Kind oder ein Seil für zwei Kinder.

Vorbereitung: Die „Sonne“ als Grundgerüst des Spinnennetzes sollte im Vorfeld vom Spielleiter aufgebaut werden, dafür werden mindestens zehn Seile benötigt.

Spielablauf: Ist der Aufbau fertig, können alle Seile wie eine Sonne auf dem Boden ausgebreitet werden. Jedes Kind darf an einem oder zwei Seilenden anfassen. Herr Rotfuchs oder ein anderes Kuscheltier verwandelt sich in eine

Abb. 73: Spinnennetz mit Affe

Abb. 74: Geburtstags-überraschung

„Spinne" und wird in die Mitte des Netzes auf den Ring gelegt. Jetzt dürfen alle Kinder die Seile auf Spannung halten und hochheben, so dass die kleine Spinne abhebt. Während die Spinne die Schwerelosigkeit genießt, können die Kinder entscheiden, ob sie das Spinnennetz abwechselnd hoch und herunter lassen, oder sich wie ein Karussell im Kreis drehen.
Variation: Dieses Spiel eignet sich auch hervorragend als Geburtstagsüberraschung. Voraussetzung sind einige Erwachsene oder Jugendliche, die ausreichend Kraft haben, das Geburtstagskind hochleben zu lassen. Dazu könnte man auch noch ein, zwei Seile zur Sicherheit als Querfäden einflechten.

Seilspiel „Schlangen fangen"

Es handelt sich um ein motivierendes Lauf- und Fangspiel.

- **Spielort:** Wiese
- **Gruppengröße:** Gruppen- und Partnerspiel
- **Förderbereich:** Schnelligkeit, Rollenwechsel
- **Material:** mehrere Springseile (mindestens ein Seil für zwei Kinder)

Vorbereitung: Der Spielleiter sucht einen ebenen Platz auf der Wiese (Stolpergefahr durch Löcher oder Hügel vermeiden).

Spielanleitung: Ein Springseil wird vom Spielleiter an einem Ende festgehalten. Die andere Seite des Seils wird über den Boden geschlängelt. Die Kinder dürfen versuchen die Schlange zu fangen, indem sie mit einem Fuß hinauftreten. Ist das gelungen, verwandelt sich das Kind in eine Schlange und der Spielleiter wird zu einem Jäger.
Tipp: In großen Gruppen sollte es mehrere Schlangen geben. Ideal ist es, wenn ca. 2 – 4 Kinder auf eine Schlange treffen.

3.2.17 Hexe, Hexe, was kochst du heute?

Es handelt sich um ein turbulentes Lauf- und Fangspiel, bei dem u.a. die Silbenstruktur der Wörter eine Rolle spielt.

- **Spielort:** Wiese
- **Gruppengröße:** Gruppenspiel
- **Förderbereich:** Schnelligkeit, Rollenwechsel, Reaktion, Ausdauer, Sozialerfahrung, phonologische Bewusstheit (Silbentrennung)
- **Material:** ohne

Vorbereitung: Der Spielleiter sucht einen ebenen Platz auf der Wiese (Stolpergefahr durch Löcher oder Hügel vermeiden).
Spielablauf: Herr Rotfuchs leitet thematisch das „Hexenleben“ ein. Dies kann durch ein Bild, eine Geschichte oder ein Hexenutensil (Reisigbesen, Hexenhut ...) geschehen.

Im Anschluss wählt der Spielleiter eine „Hexe“ aus. Diese stellt sich an einen vereinbarten Platz, die anderen Kinder stehen ca. 8 – 10 Meter davon entfernt in einer Reihe und schauen sie an. Alle Kinder rufen gemeinsam: „Hexe, Hexe, was kochst du heute?“ Die Hexe sucht sich irgendetwas aus und ruft es den Kindern zu, z.B. „Blättersuppe“ oder „Krötenschilf“. Daraufhin gehen die Kinder so viele Schritte in Richtung Hexe, wie das Wort Silben hat. In diesem Fall wären es vier Schritte „BLÄT-TER-SUP-PE“.

Das Spiel wird so lange mit Frage und Antwort weitergespielt, bis die Kinder in der Nähe der Hexe sind. Wenn die Hexe denkt, dass die Kinder nah genug dran sind, um sie zu packen, antwortet sie auf die Frage: „Hexe, Hexe, was kochst du heute?“ nicht mit irgendeinem Essen, sondern mit: „Kinder!“.

Sofort laufen alle Kinder weg, da die Hexe sie fangen (antippen) möchte. Jedes gefangene Kind wird ebenfalls zur Hexe. Das Spiel wird so lange gespielt, bis alle Kinder zu Hexen geworden sind.

Tipp: „Hexe, Hexe“ eignet sich eigentlich für Vorschul- und Grundschulkinder. Dennoch lässt es sich mit kleinen Kindern (ab 4 Jahre) auch spielen, wenn sowohl bei der Hexe, als auch bei den Kindern ein Erwachsener steht, um mitzuspielen und zu helfen. Damit die Kleinen wissen, wie viele Schritte sie gehen dürfen, sollte der Erwachsene bei jedem Schritt (jede Silbe) laut klatschen.

3.3 Spiele im Sand

Sand übt – unabhängig vom Alter – einen großen Reiz auf alle Kinder aus. Die Kleinsten machen erste Erfahrungen und erleben dabei viele taktile Erlebnisse: Sie lassen ihn durch die Finger rieseln und spüren die Wärme und Körnung auf der Haut. Sie kosten den Sand mit der Zunge, spüren das Knirschen zwischen den Zähnen. Sobald diese Sinne verankert sind, werden neue Erfahrungen gemacht, wie z. B. die Spuren im Sand, das Graben von Löchern und der Bau von Sandburgen. Zunächst benötigen Kinder im Sand keine zusätzliche Anregung, sie werden von allein das Spielen beginnen. Sollte es aber langweilig werden, so kann man mit ganz einfachen Ideen eine längere Beschäftigungsphase einleiten. Herr Rotfuchs könnte z. B. den Kindern einen **Impuls** geben: „Ich hätte jetzt so gern einen Sandkuchen.“ Die Kinder werden direkt beginnen, einen Sandkuchen zu „backen“.

Abb. 75: Sandkuchen

Auch zu den Sandspielen gibt es zahlreiche Lied- und Sprechverse, die jederzeit eingebaut werden können, z. B.:

Lied/Reim: Backe, backe Kuchen,
Backe, backe Kuchen,
der Bäcker hat gerufen,
wer will feinen Kuchen backen,
der muss haben sieben Sachen.
Eier und Salz,
Butter und Schmalz,
Milch und Mehl,
Safran macht den Kuchen gel.
(Mündlich überliefert)

3.3.1 Der Sandmann kommt

Ein Kind ist der Sandmann. Alle anderen Kinder haben die Aufgabe, den Sandmann mit einer warmen Sanddecke zuzudecken. Irgendwann erwacht der Sandmann und versucht ein Kind zu fangen.

Achtung: Dieses Spiel dürfen die Kinder nur im Beisein eines Erwachsenen spielen!

- **Spielort:** Sand
- **Gruppengröße:** Gruppen- und Partnerspiel
- **Förderbereich:** Schnelligkeit, Rollenwechsel, Reaktion, Ausdauer, Sozialerfahrung, taktile Wahrnehmung
- **Material:** ohne

Lied: Sandmann
„Sandmann, lieber Sandmann,
es ist noch nicht soweit.
Wir sehen erst den Abendgruß,
ehe jedes Kind ins Bettchen muss,
du hast gewiss noch Zeit."
Krumbach/Richter (1964)

Vorbereitung: Der Spielleiter macht sich mit dem Lied vertraut.
Spielablauf: Der Spielleiter wählt ein Kind aus, welches sich in den Sandmann verwandelt. An einem schönen Platz im Sandkasten legt sich der Sandmann gemütlich auf den Rücken. Die anderen Kinder setzen sich daneben und singen ein Lied.

Die Kinder bedecken den Körper des Sandmanns mit Sand. **Das Gesicht muss komplett freigelassen werden!** Der Sandmann darf die „warme Sanddecke" auf sich und den ruhigen Gesang der Kinder genießen. Plötzlich wacht er auf und ruft: „Der Sandmann kommt!" Er springt auf und versucht, ein Kind zu packen.

Wurde ein Kind gefangen, dann verwandelt es sich auch in einen Sandmann und macht es sich im Sandkasten gemütlich.

Abb. 76: Sandmann

3.3.2 Sandmaler

Die Kinder gestalten Kunstwerke im Sand.

- **Spielort:** Sand
- **Gruppengröße:** Gruppen-, Partner- und Einzelspiel
- **Förderbereich:** Kreativität, taktile Wahrnehmung
- **Material:** ohne

Vorbereitung: Es ist keine weitere Vorbereitung erforderlich.
Spielablauf: Die Kinder dürfen mit ihren Fingern Bilder in den Sand malen. Dabei erfahren die Kleinen, dass die Kunstwerke auf feuchtem Sand viel besser zu erkennen sind als auf Pudersand. Selbstverständlich darf das Bild noch mit Naturmaterialien verziert werden.

Abb. 77: Sandmaler

3.3.3 Goldgräber

Die Kinder suchen vergrabene Schätze im Sand.

- **Spielort:** Sand
- **Gruppengröße:** Gruppen-, Partner- und Einzelspiel
- **Förderbereich:** Körperwahrnehmung, taktile Wahrnehmung, Ausdauer
- **Material:** kleine Säckchen für die Schätze, Siebe

Abb. 78: Goldgräberin

Vorbereitung: Der Spielleiter versteckt ausreichend Schätze (z. B. Leuchtsteine) im Sand.

Spielablauf: Der Spielleiter verteilt die Säckchen an die Kinder und legt mehrere Siebe bereit. Herr Rotfuchs berichtet von den vielen schönen Schätzen, die irgendwo im Sand zu finden sind. Im Anschluss verwandeln sich alle Kinder in Goldgräber und machen sich auf die Suche. Sie dürfen mit Händen und Sieben buddeln und suchen.

Achtung: Kleine Kinder, die gerne alles in den Mund stecken, sollten dieses Spiel nur unter Aufsicht eines Erwachsenen spielen (Gefahr durch Verschlucken von Kleinteilen).

3.3.4 Sandfabrik

Sand wird mit verschiedenen Gefäßen von einem Ort zum anderen transportiert.

- **Spielort:** Sand
- **Gruppengröße:** Gruppen-, Partner- und Einzelspiel
- **Förderbereich:** taktile Wahrnehmung, Kreativität
- **Material:** verschiedenen Gefäße, Schaufeln, Siebe etc.

Vorbereitung: Der Spielleiter stellt sämtliche Materialien an einen Platz im Sand.
Spielablauf: Herr Rotfuchs leitet das Spiel mit einem **Impuls** ein: „Kinder wir haben viel zu tun, der Sand muss an einen anderen Ort. Könnt ihr helfen?“ Der Spielleiter zeigt den Kindern, wohin der Sand um transportiert werden muss. Dazu werden verschiedene Behälter benötigt, evtl. Schaufeln und Siebe. Der Sand darf als Pudersand verwertet, umgeschüttet oder mit Wasser angereichert als „Matschepampe“ die Fabrik verlassen. Transporter könnten die Ware wegbringen.

Abb. 79: Sandfabrik

3.3.5 Sandbälle

Die Kinder stellen eigene Knautschbälle her.

- **Spielort:** Sand
- **Gruppengröße:** Gruppen-, Partner- und Einzelspiel
- **Förderbereich:** Feinmotorik, taktile Wahrnehmung
- **Material:** Luftballons, evtl. Trichter

Abb. 80: Sandbälle

Vorbereitung: Es ist keine weitere Vorbereitung erforderlich.
Spielablauf: Die Kinder dürfen jeweils einen Luftballon mit Sand befüllen, ein Erwachsener sollte dabei Hilfestellung leisten. Es ist schwer und erfordert viel Feingefühl, den Sand in die Luftballonöffnung zu bekommen. Ein Trichter kann zur Hilfe genommen werden. Wenn der Ballon gefüllt ist, kann der Erwachsene ihn mit einem Knoten verschließen. Das Endergebnis ist ein richtiger „Knautschball“, der sich gut kneten lässt und ganz nebenbei noch die Handmuskulatur schult. Mit einem wasserfesten Stift kann ihm ein Gesicht gemalt werden. Der Ballon sollte regelmäßig auf Löcher und Risse überprüft werden.

3.4 Spiele im und am Wasser

Wasser ist ein Element, welches für Kinder einen hohen Aufforderungscharakter hat. Ein tropfender Wasserhahn, eine Pfütze oder ein Graben wirken auf Kinder wie Magneten. Das wunderbare und kostbare Element ist nass, sprudelnd, kalt, warm, aufbrausend, beruhigend, kraftvoll und spürbar. Je nachdem, wo wir uns befinden und wie wir es aufnehmen. Unabhängig davon, in welcher Form wir Wasser zum Spiel anbieten, lädt es zum Experimentieren ein, regt die Fantasie an und vermittelt Kenntnisse über physikalische Eigenschaften (Aggregatzustand, Temperatur, Fließeigenschaften, Kraft …).

Achtung: Bitte niemals ein Kleinkind unbeaufsichtigt am oder mit Wasser spielen lassen, auch nicht an Pfützen!

3.4.1 Einfach nur Wasser

Die Kinder dürfen mit Wasser und verschiedenen Gefäßen experimentieren.

- **Spielort:** beliebig
- **Gruppengröße:** Gruppen-, Partner- und Einzelspiel
- **Förderbereich:** Experimentieren, Feinmotorik, Kreativität, physikalische Eigenschaften
- **Material:** verschiedene Gefäße zum Transport (Kelle, Becher, Sieb, Löffel etc.), Wasser

Vorbereitung: Der Spielleiter stellt eine große Wanne mit Wasser zur Verfügung, alternativ kann das Spiel an einer Pfütze, einem Bachlauf etc. gespielt werden. Es sollten viele verschiede Gefäße aufgestellt werden in unterschiedlichen Größen. So erleben die Kinder, dass die Füllkapazitäten und Ausgießeigenschaften völlig unterschiedlich sind.

Spielablauf: Bei diesem Spiel gibt es keine weiteren Regeln. Kinder machen hierbei erste physikalische Erfahrungen. Sie erleben, wie das Wasser von einer Schüssel in die nächste transportiert werden kann und stellen z. B. fest, dass es mit einem Löffel besser funktioniert als mit einem Sieb. Je nach Außentemperatur können die Kinder in Badekleidung oder Regenhose und Stiefeln „arbeiten" und machen hier ebenso unterschiedliche Erfahrungen zu Temperaturen (warm, erfrischend, kalt, unangenehm).

Abb. 81: Wasser im Sandkasten

3.4.2 Wassertransport

Die Kinder transportieren Wasser mit verschiedenen Gefäßen.

- **Spielort:** beliebig
- **Gruppengröße:** Gruppen-, Partner- und Einzelspiel
- **Förderbereich:** Experimentieren, Feinmotorik, Kreativität, physikalische Eigenschaften
- **Material:** verschiedene Gefäße zum Transport (Kelle, Becher, Sieb, Löffel etc.), Wasser

Vorbereitung: Der Spielleiter stellt eine große Wanne mit Wasser auf (alternativ kann das Spiel an einer Pfütze, einem Bachlauf etc. gespielt werden) und zwei gleich große Gefäße mit einem Abstand von ca. 3–5 Meter zur Verfügung.

Abb. 82: Wasser schöpfen und umfüllen

Spielablauf: Die Kinder dürfen Wasser (mit Hilfe eines Bechers) von einem Ort zum anderen zu bringen. Für die Kleinsten ist es völlig ausreichend, das Wasser aus dem vollen Gefäß zu schöpfen und vorsichtig (sonst schwappt es über) zu dem anderen leeren Gefäß zu bringen und es dort hineinzugießen. Das ist eine spaßige und häufig auch eine nasse Angelegenheit, bei der einiges unterwegs oder auf der Kleidung landen kann.

Variation (für ältere Kindern): Das Spiel bekommt Wettbewerbscharakter, indem überprüft wird, wieviel Wasser in der zweiten Schüssel ankommt oder wie lange der Transport dauert. Es werden zwei Stationen mit jeweils einer Mannschaft errichtet. Gespielt wird es als klassisches Staffelspiel. In jeder Mannschaft startet das erste Kind. Während es sich bemüht, möglichst schnell viel Wasser zum Ziel zu transportieren, macht sich das Kind welches als nächstes dran ist startklar. Wenn das erste Kind zurück ist, übergibt es den leeren Becher an das nächste Kind und dieses läuft dann sofort los. So wird weitergespielt, bis alle Kinder an der Reihe waren oder das Wasser verbraucht ist. Gewonnen hat entweder die schnellste Mannschaft oder die Gruppe, die am meisten Wasser im Zieltopf hat. Die Spielregeln können individuell festgelegt werden und sind sehr variabel.

3.4.3 Staudamm

Ein Staudamm fasziniert vermutlich junge und alte Menschen gleichermaßen. Die großen Staudämme stauen einen Fluss zu einem See auf. Es gibt aber auch kleine Staudämme, wie sie z. B. von Bibern gebaut werden. Die Kinder bauen an einem Bach einen eigenen Staudamm und lernen nebenbei etwas über die physikalischen Eigenschaften von fließendem Wasser.

- **Spielort:** Bach
- **Gruppengröße:** Gruppen-, Partner- und Einzelspiel
- **Förderbereich:** Experimentieren, Feinmotorik, Kreativität, physikalische Eigenschaften (Fließgeschwindigkeit, Temperatur)
- **Material:** ohne

Vorbereitung: Es ist keine weitere Vorbereitung erforderlich.
Spielablauf: An einem kleinen Bach dürfen die Kinder einen eigenen kleinen Staudamm bauen. Zuerst werden die Materialien gesucht, die sich dafür eignen. Hier holen die Kinder teilweise auch unnützes Material (wie zum Beispiel Blätter), sehen, dass es weggespült wird und lernen dann schnell, was sich eignet und was nicht.

3.4.4 Spiel an Pfützen

Bei diesem Spiel dürfen die Kinder den Regen im Gesicht spüren, einzelne Tropfen mit der Zunge auffangen und mit den Füßen in die Pfütze springen.

- **Spielort:** Pfütze
- **Gruppengröße:** Gruppen-, Partner- und Einzelspiel
- **Förderbereich:** Experimentieren, physikalische Eigenschaften, Koordination (springen)
- **Material:** ohne

Abb. 83: Schiffchen

Vorbereitung: Es ist keine weitere Vorbereitung erforderlich.
Spielablauf: Bei diesem Spiel darf die Pfütze mit allen Sinnen erlebt werden. Es gibt keine weiteren Regeln, alles was Spaß macht ist erlaubt. Herr Rotfuchs gibt den **Impuls:** „Schafft ihr es, so lange in die Pfütze zu springen, bis sie leer ist?"
Tipp: Schiffe lassen sich ganz einfach aus Papier basteln, die Kinder können sie in Pfützen fahren lassen.

3.4.5 Floßbau

Bei diesem Spiel werden mit gesammelten Naturmaterialien kleine Flöße gebaut, die hervorragend auch auf Pfützen ausprobiert werden können.

- **Spielort:** Bachlauf, Teich, große Pfütze
- **Gruppengröße:** Gruppen-, Partner- und Einzelspiel
- **Förderbereich:** Kreativität, Feinmotorik, Konzentration, materiale Erfahrung
- **Material:** trockene Äste oder Holunderzweige (entweder bereitlegen oder gemeinsam suchen), Astschere, Bindfaden, Akku-Heißklebepistole

Vorbereitung: Der Spielleiter bereitet an einem geeigneten Ort alle Materialien vor (und sorgt für die sichere Aufbewahrung und Handhabung gefährlicher Werkzeuge). Bei diesem Spiel werden ausreichend Erwachsene benötigt. Die Kinder können alle Materialien suchen, beim Zusammenbau wird aber jeweils ein Erwachsener als Hilfe erforderlich sein.

Spielablauf: Nachdem sich die Gruppe (evtl. mit einem Lied oder einem Fingerspiel) begrüßt hat, stellt Herr Rotfuchs sein selbst gebautes Floß als **Impuls** vor: „Schaut einmal Kinder, das habe ich gebastelt mit kleinen Ästen, die ich im Wald gefunden habe. Es fährt fantastisch auf Pfützen." Nachdem die Kinder sich das Floß angeschaut haben, geht die Gruppe gemeinsam los, um Stöcke zu suchen. Jedes Kind benötigt ca. 5 Stöcke mit 15–20 cm.

Abb. 84: Floßbau

Wenn alle wieder am Treffpunkt angekommen sind, wird gebastelt. Zuerst werden alle Stöcke auf die gewünschte Länge zugeschnitten. Im Anschluss werden diese miteinander befestigt, evtl. mit Heißkleber oder mit einem Bindfaden. Der Bindfaden wird dazu an einem außen liegenden Stock festgebunden und in Form von Achterwellen um alle weiteren Stöcke gelegt. Am Endstück muss das Seil wieder mit einem Knoten befestigt werden. Wenn das Floß fertiggestellt ist, darf es noch deko-

riert werden, z.B. mit einem Segel aus einem dünnen Ast, welcher senkrecht auf das Floß (zwischen die Floßplanken) gesteckt wird. Auf den Mast darf ein beliebig schönes Blatt (z.B. Ahorn) gesteckt werden, dazu werden vorsichtig zwei kleine Löcher in das Blatt gemacht.
Tipp: Es gibt viele verschiedene Möglichkeiten, die Stöcke miteinander zu befestigen. Es ist empfehlenswert, im Vorfeld verschiedene Techniken auszuprobieren (Eins davon wird dann das Floß von Herrn Rotfuchs).

3.4.6 Angeln

Die Kinder dürfen mit ihren Händen verschiedene Dinge angeln und dabei verschiedene Wassereigenschaften kennen lernen. Sie können ausprobieren, was schwimmt und was sinkt.

- **Spielort:** beliebig
- **Gruppengröße:** Gruppen-, Partner- und Einzelspiel
- **Förderbereich:** Experimentieren, physikalische Eigenschaften
- **Material:** eine Wanne mit Wasser, Gegenstände aus verschiedenen Materialien

Vorbereitung: Der Spielleiter füllt eine Wanne (z.B. Wäschewanne oder Planschbecken) mit Wasser. Er stellt ebenfalls verschiedene Dinge, wie z.B. Naturmaterialien, Schleich-Tiere, Legos und Küchenutensilien bereit.
Spielablauf: Zuerst dürfen die Kinder verschiedene Sachen hineingeben. Dabei können sie beobachten, dass manche Dinge schwimmen und andere auf den Grund des Beckens sinken.

Mit den Händen werden die unterschiedlichen Dinge geangelt. Für die Kleinsten ist es spannend, den Widerstand des Wassers an Händen und Armen zu spüren und zu erkennen, dass einige Dinge durch den Wasserspiegel optisch verzerrt aussehen.
Variation: Die Kinder versuchen, die hineingeworfenen Dinge mit geschlossenen Augen aus dem Wasser zu angeln. Hierbei ist es wichtig, dass die Augen nur geschlossen werden und nicht verbunden, da manche Kinder sich bei verbundenen Augen hilflos fühlen und schnell die Orientierung verlieren, so dass sie ins Wasser fallen könnten.

3.4.7 Schwämme

Schwämme eignen sich für verschiedene Spielideen, in diesem Spiel dienen sie als Wurfobjekt und Transportmittel.

- **Spielort:** beliebig
- **Gruppengröße:** Gruppen-, Partner- und Einzelspiel
- **Förderbereich:** experimentieren, physikalische Eigenschaften
- **Material:** einige Schwämme, Wanne mit Wasser

Vorbereitung: Der Spielleiter füllt eine Wanne (z. B. Wäschewanne oder Planschbecken) mit Wasser.

Spielablauf:

Spiel 1: Die Kinder bekommen jeweils zwei Schwämme. Einen legen sie in das Wasser, der andere bleibt trocken. Nachdem er sich vollgesogen hat, werfen sie ihn in Richtung Ziel (z. B. eine Wanne im Abstand von ca. 2 Meter). Der andere Schwamm wird in trockenem Zustand geworfen. Herr Rotfuchs stellt vor und nach dem Spiel die Frage: „Welcher Schwamm fliegt weiter?“ Anschließend kann sich bei etwas älteren Kindern ein Gespräch über die vermuteten physikalischen Hintergründe ergeben.

Spiel 2: Der Spielleiter stellt zwei Gefäße im Abstand von ca. 5 Meter auf. In einem Gefäß befindet sich Wasser, das andere ist leer. Die Kinder dürfen nur mit Hilfe der Schwämme das Wasser von einem zum anderen Behälter transportieren, indem sie die Schwämme eintauchen und in einem anderen Gefäß wieder auswringen.

Spiel 3: Die Kinder werden in zwei Gruppen aufgeteilt und bekommen jeweils die gleiche Anzahl trockener Schwämme. Zwischen beiden Gruppen wird ein Seil gelegt (und im Sommer eine Wasserschüssel gestellt, wenn die Kinder in Badekleidung sind). Nach dem Startsignal beginnt das Spiel. Alle Kinder versuchen ihre Schwämme so schnell wie möglich loszuwerden, indem sie diese über das Seil zur gegnerischen Mannschaft werfen. Bestenfalls so weit wie möglich, damit die Gegner erst laufen müssen, bevor sie die Schwämme wieder zurückwerfen können. Bei diesem Spiel ist Schnelligkeit gefragt. Ein ideales Spiel für alle Kinder mit viel Energie. Im Sommer macht die Wasservariante und das Werfen mit nassen Schwämmen besonders viel Freude.

3.5 Spielideen zur Entspannung in der Natur

„Und dann muss man ja auch noch Zeit haben, einfach dazusitzen und vor sich hin zu schauen." (Lindgren 1964)

In der Natur steht häufig die Bewegung im Fokus. Es gibt kaum einen anderen Ort, der in dem Umfang die Möglichkeit zum Austoben bietet. Ganz nebenbei wird spielerisch und unbemerkt die motorische Fähigkeit gefördert. Es gibt aber noch einen weiteren Ansatz, der für alle Kinder ebenso wichtig ist, das ist die Entspannung. Besonders die Kleinen mit viel Energie benötigen nach der Anspannung eine Entspannung. Es ist wichtig, dass diese beiden Faktoren immer im Gleichgewicht stehen.

Abb. 85: Kinder in Schubkarre

Manchmal ist es gar nicht einfach, wilde Rabauken und energiegeladene Mädels zur Ruhe zu bekommen. Doch in der Natur ist es möglich, wir müssen sie nur bewusst zulassen und nutzen. In einer lauten und schnellen Welt voller Aktionen ist die Stille für Kinder zuerst manchmal kaum auszuhalten. Dementsprechend führen Entspannungs- und Stilleübungen nicht immer unmittelbar zur Entspannung. Dieser Prozess dauert länger und muss permanent wiederholt und geübt werden.

So verhält es sich auch bei Erwachsenen, die wenigsten werden in den ersten Yogastunden eine völlige Tiefenentspannung erleben. Wir können uns erst komplett entspannen, wenn wir wissen, was auf uns zukommt und wir uns vollständig auf die Atmung konzentrieren können. Bei Kindern ist es ähnlich. Rituale sind von großer Bedeutung, sie schenken Sicherheit, Orientierung und Vertrauen (Kap. 2.1.3). Deshalb müssen auch Entspannungsübungen schrittweise eingeübt und regelmäßig durchgeführt werden. Es empfiehlt sich, diese jeweils zum Ende einer Einheit einzubringen.

Es folgen einige Entspannungsübungen, die sich einfach in die tägliche Praxis integrieren lassen.

3.5.1 Wolkenbilder

Die Kinder schauen in die Wolken und berichten, welche Bilder sie dort erkennen.

- **Spielort:** Wiese
- **Gruppengröße:** Gruppen-, Partner- und Einzelspiel
- **Förderbereich:** Entspannung
- **Material:** ggf. Decken oder Schwungtuch zum Liegen

Vorbereitung: Es ist keine weitere Vorbereitung erforderlich.
Spielablauf: Alle Kinder suchen sich einen schönen Platz auf der Wiese, legen sich dort hin und schauen in den Himmel. Herr Rotfuchs leitet das Spiel ein: „Kinder, schaut einmal in den Himmel, dort sind viele Wolken. Sie sehen aus wie Figuren. Ich sehe eine Feder und ein Tier. Was seht ihr?“ Sofern es die Konzentration zulässt, sollten die Kinder über einen längeren Zeitraum in den Himmel schauen. Sie können ganz genau beobachten, ob sich ihr Wolkenbild verändert. Vielleicht wird aus dem Tier ein Bagger.
Tipp: Anfangs ist es sehr wahrscheinlich, dass alle Kinder durcheinander sprechen. Es fällt ihnen schwer abzuwarten, ihre Entdeckung direkt mitzuteilen. Um gezielter die Kinder nacheinander sprechen zu lassen und um sicherzustellen, dass keiner übergangen wird, empfiehlt sich folgende Regel: Herr Rotfuchs wandert von einem Kind zum anderen. Jeder, der ihn in seinen Händen hält, darf mit ihm zusammen das Wolkenbild erläutern.

3.5.2 Tierarztpraxis

Die Kinder verwandeln sich in kranke Tiere und Tierärzte.

- **Spielort:** beliebig
- **Gruppengröße:** Gruppen- und Partnerspiel
- **Förderbereich:** taktile Entspannung
- **Material:** Sandsäckchen, Bierdeckel, ggf. Decken oder Schwungtuch zum Liegen

Abb. 86: Tierarztspiel

Vorbereitung: Es ist keine weitere Vorbereitung erforderlich.

Spielablauf: Dieses Spiel lässt sich gut in Kleingruppen spielen. Es finden sich zwei bis vier Kinder zusammen, einer ist der Tierarzt, die anderen dürfen sich in ein beliebiges Tier verwandeln. Der Tierarzt schaut sich die Tiere an (gerne dürfen sie auch von ihren Verletzungen und ihrer Krankheit berichten) und bittet die Tiere sich hinzulegen. Jetzt werden die Tiere verarztet, dazu eignen sich kleine Sandsäckchen, Bierdeckel, Igelbälle etc. Sie werden einfach auf die „kranke" Körperstelle aufgelegt. Sobald die Tiere wieder genesen sind, dürfen sie wieder aufstehen und die Tierarztpraxis verlassen. Im Anschluss werden die Rollen getauscht.

3.5.3 Igelballmassage

Die Kinder massieren sich abwechselnd mit einem Igelball, dazu wird eine Geschichte erzählt.

- **Spielort:** beliebig
- **Gruppengröße:** Gruppen- und Partnerspiel
- **Förderbereich:** taktile Entspannung
- **Material:** Igelbälle, ggf. Decken oder Schwungtuch zum Liegen, Lied zum Thema „morgendliches Aufstehen"

Fuchs und Igel auf dem Weg zum Kindergarten

Eines guten Morgens macht sich Herr Rotfuchs wie jeden Tag auf den Weg zum Kindergarten. Auf einmal hört er es am Wegesrand rascheln (den Igelball langsam auf dem unteren Rücken hin und her bewegen). Erschrocken sieht er nach und entdeckt einen kleinen Igel, der gerade aufgewacht ist und aus seinem Schlafversteck herauskommt. „Moin, Igelchen, möchtest du auch zum Kindergarten? Dann könnten wir gemeinsam gehen". Der Igel beeilt sich, er findet die Idee klasse und läuft langsam mit seinen kurzen Igelbeinchen zu Herrn Rotfuchs (den Igelball im unteren Rücken entlangrollen). Gemeinsam machen sie sich auf den Weg (den Igelball langsam nach oben Richtung Brustwirbelsäule bewegen). Unterwegs entdecken sie einen Baumstamm, der mitten auf dem Weg liegt. Sie klettern hinauf (hüpfende Bewegungen in Richtung Seite) und rutschen auf der anderen Seite wieder herunter (mit dem Igelball vom Rücken die Seite herab rutschen bis zum Boden). Oh nein, Michi Maulwurf war heute schon fleißig und hat den Weg mit Maulwurfshaufen beschwerlich gemacht. Fritz und Igelchen laufen Slalom an ihnen vorbei (mit dem Igelball slalomartig über den gesamten Rücken rollen, von oben nach unten). Gleich haben sie es geschafft. Unterwegs treffen sie noch andere tierische Freunde und singen gemeinsam ein Morgenlied (den Igelball noch einmal langsam und wellenartig zurück nach oben bewegen, dazu ein den Kindern bekanntes Morgenlied singen).

Vorbereitung: Es ist keine weitere Vorbereitung erforderlich.
Spielablauf: Die Igelmassage eignet sich immer und überall als entspannende Pause oder als Abschlussspiel. Sie lässt sich in alle Geschichten und Aktionen integrieren. Die Kinder dürfen sich für die Igelmassage auf den Boden legen, der Gruppenleiter oder ein anderes Kind (oder auch zwei) rollt mit dem Igelball langsam und sanft über den Rücken, die Arme und Beine. Im Anschluss werden die Rollen gewechselt.

3.5.4 Taktiles Telefon

Die Kinder sitzen hintereinander, das letzte Kind malt mit den Fingern ein Bild auf den Rücken des Kindes davor. Dieses wird wiederholt, bis es beim vorderen Kind angekommen ist.

- **Spielort:** beliebig
- **Gruppengröße:** Gruppen- und Partnerspiel
- **Förderbereich:** taktile Entspannung
- **Material:** ohne

Vorbereitung: Es ist keine weitere Vorbereitung erforderlich.

Spielablauf: Alle Kinder setzen sich hintereinander und schauen in dieselbe Richtung. Das hintere Kind darf dem Vordermann etwas mit seinen Fingern auf den Rücken zeichnen. Dieses versucht es so weiterzugeben, wie es selbst die Zeichnung empfunden hat. So geht es immer weiter, bis es vorne angekommen ist. Mit viel Glück hat jemand das Gezeichnete erkannt. Jetzt wird die Reihenfolge gewechselt, so dass jeder einmal hinten sitzen darf.
Variation: Taktiles Telefon spielen auch ältere Kinder und Jugendliche gerne. In dem Fall dürfen es schon konkrete Zeichnungen sein, z. B. eine Sonne oder ein Haus. Es wird genauso gespielt, jedoch darf das vordere Kind sagen, was bei ihm angekommen ist, z. B.: „Eine Sonne!“.

3.5.5 Jahreszeitenkonzert

Die Kinder hören die Geräusche der Natur, besonders mit geschlossenen Augen nehmen sie diese deutlich und bewusst wahr.

- **Spielort:** beliebig
- **Gruppengröße:** Gruppen-, Partner- und Einzelspiel
- **Förderbereich:** taktile Entspannung, auditive Wahrnehmung
- **Material:** ggf. Decken oder Schwungtuch zum Liegen

Vorbereitung: Es ist keine weitere Vorbereitung erforderlich.
Spielablauf: Zu Spielbeginn legen sich alle Kinder gemütlich auf den Boden. Es dauert einige Minuten, bis alle zur Ruhe kommen. Die Zeit kann Herr Rotfuchs nutzen und auf das Thema einstimmen, z. B. mit der Frage: „Wer lebt hier im Wald / auf der Wiese und kann fliegen und besonders schön singen?“

Alle Kinder dürfen ihre Augen schließen und sich einfach auf die Geräusche um sich herum konzentrieren. Der Zeitraum sollte anfangs kurz sein, da die Aufmerksamkeit bei Kleinkindern schnell erschöpft ist. Wenn das Spiel öfter gespielt wird, kann die Zeitspanne gesteigert werden. Herr Rotfuchs darf im Anschluss alle Kinder nacheinander wecken. Bei einem Kind verbleibt er, dieses erzählt, was es gehört hat. Dann wandert Fritz zum nächsten Kind, bis alle einmal von ihren akustischen Erfahrungen berichtet haben.
Tipp: Das Spiel ist besonders geeignet für Frühlings- und Sommermonate. Zu dieser Zeit ist es vor allem deshalb attraktiv, weil die Kinder viele unterschiedliche Vogelstimmen hören können. Doch auch an trockenen Herbst- und Wintertagen kann das Spiel mit einer anderen Einleitung eingesetzt

werden, die Hörerlebnisse sind dann aber gänzlich anders (Wind, fallende Blätter und Früchte, z.B. Eicheln, knirschende Schritte im Schnee, kreischende Raben etc.).

3.5.6 Himmelsschaukel

Die Kinder werden in einer großen Decke eingekuschelt sanft geschaukelt wie in einer Hängematte.

- **Spielort:** beliebig
- **Gruppengröße:** Gruppen- und Partnerspiel
- **Förderbereich:** Körperwahrnehmung, Gleichgewicht
- **Material:** Schwungtuch oder große Decke

Vorbereitung: Es ist keine weitere Vorbereitung erforderlich.
Spielablauf: Für die Himmelsschaukel wird eine große Decke oder ein Schwungtuch benötigt. Die Decke wird auf dem Boden ausgebreitet, das Kind legt sich mittig darauf. Zwei Erwachsene nehmen die Decke wie eine Hängematte hoch und halten sie in einem Abstand von ca. einem Meter zueinander (je nach Länge des Kindes). Die Decke muss gespannt sein, so lässt sich das Kind sanft schaukeln. Es lässt sich gut beobachten, wie die anfängliche Spannung des Kindes nach und nach abgebaut wird. Das Schaukeln kann mit einem passenden Lied, z.B. dem Schaukellied von Wickie, (Kap. 3.1.10) begleitet werden.

3.5.7 Pizzabacken

Zu einer Geschichte vom Pizzabacken massieren sich die Kinder gegenseitig den Rücken und können entspannen.

- **Spielort:** beliebig
- **Gruppengröße:** Gruppen- und Partnerspiel
- **Förderbereich:** taktile Entspannung
- **Material:** Pizzageschichte (Text), ggf. Decken oder Schwungtuch zum Liegen

Geschichte vom Pizzabacken

Bevor die Pizza gebacken wird, muss das Backblech gereinigt werden (mit den Händen den gesamten Rücken entlang streichen).

Anschließend lassen wir Wasser über das Blech laufen (mit den Händen wellenartige, weiche Bewegungen über den Rücken machen), bevor wir es tüchtig abtrocknen können (mit den Händen den gesamten Rücken rubbeln).

Nun können wir den Teig zubereiten. Dazu benötigen wir Mehl, Eier, Hefe, Salz und Öl (die Zutaten langsam und nacheinander aufzählen und jeweils eine passende Berührung auf dem Rücken machen).

Jetzt werden alle Zutaten ordentlich durchgeknetet (den Rücken kräftig massieren).

Der Teig fühlt sich gut an und kann jetzt auf dem Backblech ausgerollt werden (mit der flachen Hand den gesamten Rücken von innen nach außen entlang streichen).

Jetzt darf der Teig belegt werden mit Salami, Tomaten, Mais und viel Käse (nacheinander an verschieden Stellen den Rücken berühren).

Das sieht super aus, jetzt muss das Blech in den Backofen (die Hände stark aneinander rubbeln, bis sie warm werden, dann die warmen Hände auf den Rücken legen. Den Vorgang zwei bis drei Mal an verschiedenen Stellen wiederholen).

Hmmm, wie es duftet!

Jetzt dürfen wir unsere leckere Pizza Stück für Stück aufessen (mit den Fingern über den Rücken streichen und die Hand anschließend zum Mund führen).

Vorbereitung: Der Spielleiter macht sich mit dem Text vertraut.

Spielablauf: Die Kinder finden sich zu zweit oder dritt zusammen. Ein Kind darf sich gemütlich auf den Bauch legen. Das andere/die anderen Kinder sitzen daneben. Herr Rotfuchs leitet die Entspannungsübung mit einem **Impuls** ein: „Nachdem wir so großartig gespielt haben, sind bestimmt alle ganz hungrig.“ Der Rücken des liegenden Kindes ist das Pizzablech, die sitzenden Kinder als Pizzabäcker dürfen jetzt eine Pizza darauf backen. Der Spielleiter erzählt die Geschichte und zeigt die Bewegungen dazu.

3.5.8 Traumreisen

Traumreisen sind ideal für die Schlussentspannung. Dabei erzählt Herr Rotfuchs oder der Spielleiter über stark bildbetonte Erlebnisse (z.B. einen Bach im Wald). Es geht dabei nicht um eine übliche Geschichte mit Spannungsaufbau, sondern um Dinge, die sich die Kinder bildhaft vorstellen können. Auch angenehme Höreindrücke und Düfte können in der Fantasiereise beschrieben werden. Traumreisen müssen langsam, leise und betont vorgelesen oder erzählt werden, damit eine beruhigende Wirkung eintritt. Die Kinder benötigen ausreichend Zeit, um sich das Erzählte vorstellen zu können.

Generell empfiehlt sich eine Traumreise nach einer Aktion, bei der sich die Kinder austoben durften. Sollten sie ihren natürlichen Bewegungsdrang nicht ausleben dürfen, werden sie sich nur schwer auf eine Entspannung einlassen können. Im Buchhandel und im Internet gibt es viele Vorschläge für Traumreisen (z.B. Friebel 2017: 24 Traumreisen für Kinder), die so fertig übernommen werden können. Bei der Auswahl einer Geschichte für Kleinkinder sollte darauf geachtet werden, dass es sich um überschaubare Texte (nicht zu lang, kurze Sätze, geläufige Wortwahl) handelt und dass der darin beschriebene Ort den Kindern nicht fremd ist.

- **Spielort:** beliebig, z.B. auf einer Wiese
- **Gruppengröße:** Gruppen-, Partner- und Einzelspiel
- **Förderbereich:** Entspannung
- **Material:** eine Traumreise (Text), ggf. Decken oder Schwungtuch zum Liegen

Vorgelesene oder erzählte Geschichte: Auf dem Bauernhof

Leg dich gemütlich hin. Spürst du deinen Rücken, wie er das warme Gras berührt? Nun schau, ob deine Arme und Beine schon den richtigen Platz gefunden haben. Wenn du möchtest, darfst du deine Augen schließen.

Heute sind wir zu Besuch bei Bauer Benni. Auf dem Bauernhof ist es ganz leise. Wir gehen üben den großen Hof und sehen den Kuhstall. Vorsichtig öffnen wir die große, schwere Stalltür. Mit einem Quietschen öffnet sie sich. Noch immer ist es ganz ruhig.

Die kleinen Kälbchen liegen zusammengerollt neben ihrer Mama und schlafen. „Mach deinen Augen zu!", sagt die Mama-Kuh, „Ich wünsche dir süße Träume."

Das kleine Kälbchen kuschelt sich noch ein bisschen dichter an die Mama

und merkt erst jetzt, wie müde es ist. Es spürt die Beine, die schwer im duftenden Stroh liegen. Außerdem genießt es die Wärme der Mama.
Jetzt träumt das Kälbchen von der großen Wiese, auf der es heute mit den anderen Kälbchen gespielt hat. Wild haben sie getobt und versucht, dem schönen bunten Schmetterling hinterher zu laufen. Der Schmetterling war wunderschön mit seinen bunten schillernden Farben.
Die Tür öffnet sich erneut. Bauer Benni kommt herein mit einem großen Futterwagen. Es duftet nach gemahlenem Hafer und frischem Heu.
Das kleine Kälbchen wird langsam wieder wach. Es riecht das leckere Futter und streckt langsam und genüsslich seine Beinchen aus.
Auch du, liebes Menschenkind, darfst langsam deine Arme und Beine bewegen und strecken. Wenn deine Augen zu sind, dann öffne sie bitte wieder. Nimm dir Zeit dafür. Strecke deine Arme ganz lang, jetzt streckst du auch deine Beine ganz lang, dann stehst du vorsichtig wieder auf.
Schön wars, gemeinsam mit euch Kindern bei Bauer Benni!

Vorbereitung: Der Spielleiter sucht einen geeigneten Text heraus, z. B. „Auf dem Bauernhof".
Spielablauf: Alle Kinder legen sich gemütlich auf den Boden, entweder auf eine Decke, Schwungtuch oder auf den warmen Wald- oder Wiesenboden. Mit ruhiger und leiser Stimme leitet Herr Rotfuchs oder der Spielleiter die Geschichte kurz ein und motiviert die Kinder, ganz ruhig und leise liegen zu bleiben. Die Kinder dürfen dabei auch ihre Augen schließen. Erst wenn alle zur Ruhe gekommen sind, beginnt die Traumreise.

Abb. 87: Einfach nur glücklich

Literatur

Brauer, S. (2019): Kleine Wunder der Natur: Vom Ei zum Schmetterling. Coppenrath, Münster
Carle, E. (1985): Die kleine Raupe Nimmersatt. Gerstenberg, Hildesheim
Fietz, S., Krenzer, R. (1999): Ich bin die Raupe Ursula (CD). Brunnen, Gießen
Fleischhauer, J. (2015): Dreck schützt Kinder vor Asthma. In: www.focus.de/familie/kindergesundheit/dreck-schuetzt-kinder-vor-asthma-internationale-studie-bestaetigt_id_2356925.html, 11.1.2021
Friebel, V.(2017): 24 Traumreisen für Kinder. Edition Blaue Felder, Tübingen
Gebhard, U. (2005): Kind und Natur. 2. Aufl., Springer VS, Wiesbaden
Glück, K., Sommerland, S. und die KiTa-Frösche (2010): Die besten Spiel- und Bewegungslieder (CD). Universal music, Berlin
Klang, K. und die Flohtöne (2019): Sing mit mir – Kinderlieder 4 (CD). Edel Music Hamburg,
Krumbach, W., Richter, W. (1964): Sandmann, lieber Sandmann. Kinderlieder für kleine und große Leute. Chorisverlag, Zwickau
Lindgren, A. (1964): Tagebuch. In: Strömstedt, M. (2001): Astrid Lindgren – Ein Lebensbild. Oetinger, Hamburg
Meier, W., Sarholz, M. (1997): Taxi Maxi (CD). Sternschnuppe Verlag, Ottenhofen
Mitscherlich, A. (1965): Die Unwirtlichkeit unserer Städte. Suhrkamp, Berlin
Olbrich, O., Otterstedt, C. (2003): Menschen brauchen Tiere. Kosmos, Stuttgart
Quante, S. (2010): Bewegungsangebote zur Stärkung des Selbstkonzepts. In: BAG für Haltungs- und Bewegungsförderung (Hrsg.): Haltung und Bewegung 30, Wiesbaden
Renz-Polster, H., Hüther, G. (2013): Wie Kinder heute wachsen. Beltz, Weinheim
Rosin, V. (2000): Der Frosch im roten Cabrio (CD). Moon records, Düsseldorf
Rosin, V. (o. A.): Das Lied über mich. In: www.rosin.de/das-lied-uber-mich.html, 7.1.2021
Schnitzler, C. (2008): Phonologische Bewusstheit und Schriftspracherwerb. Thieme, Stuttgart
Schwarzer, A. (2011): Schaukelfee & Klettermax. ProBusiness BookOnDemand, Berlin
Zuckowski, R. (2008): Die Jahresuhr – Rolfs klingender Liederkalender (CD). Universal music, Berlin

www.buchstart-hamburg.de/kinderreime-international/alle-meine-finger-klein), 14.1.2021
www.herder.de/kk/praxisimpulse/spiele/fingerspiele-fruehling, 8.2.2021
www.kinder-alles-fuer-kids.com/kinder-gedichte/waldgedichte.html, 27.12.20/11.1.2021
www.kinder.wdr.de/tv/wissen-macht-ah/bibliothek/dasfamoseexperiment/stabile-seifenblasen-100.html, 18.1.2021
www.kita-turnen.de/5-gespenster-fingerspiel-zum-herbst, 13.1.2021
www.labbe.de/liederbaum/index.asp?themaid=22 & titelid=795, 7.1.2021
www.lieder-archiv.de/gruen_gruen_gruen_sind_alle_meine_kleider-notenblatt_300372.html, 26.12.2020
www.lieder-archiv.de/haeschen_in_der_grube-notenblatt_300720.html, 14.1.2021
www.pinterest.de/pin/589197563721075293, 7.1.2021
www.skanto.de/liederbuch/zweikleinewoelf.html, 13.1.2021
www.youtube.com/watch?v=KEe9NJ7hzgs, 18.01.2021
www.waldkindergarten-berglen.de/wp-content/uploads/2020/03/Waldbingo-Vorlage-1.pdf, 7.1.2021